Otto Kuntzemüller

Nithard und sein Geschichtswerk

Otto Kuntzemüller

Nithard und sein Geschichtswerk

ISBN/EAN: 9783743356276

Hergestellt in Europa, USA, Kanada, Australien, Japan

Cover: Foto ©Thomas Meinert / pixelio.de

Manufactured and distributed by brebook publishing software (www.brebook.com)

Otto Kuntzemüller

Nithard und sein Geschichtswerk

Nithard und sein Geschichtswerk.

Inaugural - Dissertation,

der

philosophischen Facultät in Jena

zur

Erlangung der Doctorwürde

vorgelegt von

Otto Kuntzemüller.

Guben 1873
Druck von A. Koenig.

I. Das Leben Nithards.

Nithard heisst der Verfasser eines aus dem Mittelalter überlieferten Geschichtswerkes, welches in vier Büchern die Ursachen und den Verlauf des Kampfes darstellt, den die Söhne Ludwigs des Frommen um das Erbe ihres Vaters führten. Dieser Nithard war, wie er selbst im fünften Capitel seines vierten Buches berichtet[1]), der Sohn des Angilbert, eines denkwürdigen Mannes, der mit seinen Brüdern, Madhelgaud und Richard, bei Kaiser Karl dem Grossen in wolverdientem Ansehen stand und als Abt des Klosters St. Riquier bei Centulum sich auszeichnete sowol durch Erbauung einer prächtigen Kirche „zu Ehren Gottes und des heiligen Richar" als auch ganz besonders durch die wunderbare Leitung des ihm anvertrauten Klosters. Es ist dieser Angilbert kein Anderer als der uns aus dem gelehrten Freundeskreise Karls des Grossen bekannte Homer; denn bei diesem trifft alles das zu, was Nithard von ihm berichtet[2]).

Wie den Vater Angilbert, so lernen wir auch die Mutter aus Nithard selbst kennen. Als seine Mutter nennt er nämlich am angeführten Orte die Bertha, eine von den schönen Töchtern, welche Karl der Grosse mit seiner zweiten Gemalin Hildegard zeugte[3]). Angilbert ist wol nie der rechtmässige Gatte Berthas,

---

[1]) Nithard. lib. IV. c. 5. „eademque die Angilbertus, vir memorabilis, Centulo translatus, et anno post decessum ejus 29°, corpore absque armatibus indissolutus repertus est. Fuit hic vir ortus eo in tempore haud ignotae familiae. Madhelgandus et Richardus et hic una progenie fuere, et apud magnum Carolum merito magni habebantur. Qui ex ejusdem magni regis filia, nomine Bertha, Hartnidum fratrem meum et me Nithardum genuit; Centulo opus mirificum honore omni potentis dei sanctique Richarii construxit, familiamque sibi commissam mirifice rexit.

[2]) Vrgl. Wattenbach: Deutschlands Geschichtsquellen im Mittelalter. II. Aufl. p. 117—123. Wattenbach gibt an dieser Stelle eine genaue und ausführliche Lebensgeschichte Angilberts.

[3]) Siehe Anm. 1 u. Einhardi vita Karoli c. 18.

sondern nur „der glückliche Geliebte" derselben gewesen⁴). Einhard versichert nämlich in seiner Lebensgeschichte Karls des Grossen ausdrücklich, dass der Kaiser keine seiner Töchter verheirathet habe, weil er meinte, des Umgangs derselben nicht entbehren zu können⁵). Allein, wenn auch Kaiser Karl nie zugegeben hat, dass Angilbert die Bertha heiratete, so scheint doch Alles dafür zu sprechen, dass er das vertraute Verhältniss des Freundes zu seiner Tochter stillschweigend billigte. Es wird nirgends überliefert, dass Karl dem Angilbert jemals gezürnt habe, oder dass die Freundschaft beider Männer irgendwie getrübt worden sei, und der Schluss des neunzehnten Capitels der angeführten Lebensgeschichte Einhards lässt klar erkennen, dass der grosse Kaiser nicht gerade allzu streng über die Liebesverhältnisse seiner Töchter dachte⁶). Paetz in seiner Dissertation (de vita et fide Nithardi) ist wol etwas zu kühn, wenn er behauptet, dass die Geschichtsschreiber sowie alle andern Schriftsteller aus der Zeit Karls des Grossen von der Ehe Angilberts und Berthas desshalb schweigen, weil sie fürchteten den Kaiser durch Erwähnung dieser Sache zu kränken⁷).

Das Geburtsjahr Nithards lässt sich mit genügender Sicherheit nicht bestimmen. Es steht nur so viel fest, dass Nithard vor dem Jahre 814 geboren sein muss; denn am 18. Februar 814 starb sein Vater Angilbert⁸). Paetz setzt die Geburt Nithards in die Jahre 788—791⁹). Er nimmt an, dass König Offa von Mercien im Jahre 781 von Kaiser Karl die Bertha für seinen Sohn zur Frau gefordert habe, und folgert daraus, dass Bertha in diesem Jahre noch keine Kinder haben konnte. Ferner behauptet er,

---
⁴) Vrgl. Wattenbach a. a. O. p. 119.
⁵) Einhard vita Caroli c. 19. Quae (sc. filiae Karoli) cum pulcherrimae essent et ab eo plurimum diligerentur, mirum dictu, quod nullam earum cuiquam suorum aut exterorum nuptum dare voluit; sed omnes usque ad obitum suum in domo sua retinuit, dicens se earum contubernio carere non posse.
⁶) Einhardi v. Karoli c. 19. „Ac propter hoc licet alias felix, adversae fortunae malignitatem expertus est; quod tamen ita dissimulavit, ac si de iis nunquam alicujus probri suspicio exorta esset vel fama dispersa fuisset". Vrgl. ausserdem Lorentz: das Privat- u. Hofleben Karls d. G. in v. Raumers histor. Taschenb. 3. Jahrg.
⁷) Chr. Paetz: diss. inaug Halle 1865. p. 4. „Hisce verbis jam satis apparet Nithardum non justo conjugio natum esse. Itaque factum est, ut scriptores aequales, ne regis animum offenderent, nihil neque de Angilberti Berchtaeque conjugio neque de Nithardo nato memoriae proderent". Vrgl. noch Wattenbach a. a. O. Mayer v. Knonau: Nith. 4 Bücher Geschichten. Leipzig 1866. q. 86 u. p. 498. Lorentz a. a. O. p. 434 Anm.
⁸) Wattenbach a. a. O. Nithard III. 5.
⁹) Paetz a. a. O. p. 5.

Angilbert sei im Jahre 791 als Abt in das Kloster St. Riquier bei Centulum gekommen und könne in Folge dessen nach 791 keine Kinder mehr gezeugt haben. Da jedoch Paetz weder das Jahr 787 als das Jahr begründet, in welchem König Offa die Bertha zur Frau für seinen Sohn forderte, noch nachweist, dass Angilbert in der Tat 791 als Abt in das Kloster des heiligen Richar gegangen ist, so schwebt seine Annahme völlig in der Luft, bei näherer Betrachtung erweist sich dieselbe sogar als falsch.

Die gesta Abbatum Fontanellensium, welche cap. 16 von der Forderung des Offa berichten, geben kein Datum für dieselbe. Ferner wird Angilbert nicht vor 794 als Abt von St. Riquier genannt. Allein auch als Abt gab Angilbert sein Familienleben am Hofe Karls nicht auf, wie Wattenbach nachweist [10]). Was aber die Behauptung Paetzes ohne weiteres zu Falle bringt, und was er ganz und gar übersehen hat, das ist die Angabe Leibnitzes (in den annales imperii I. 107 zum Jahre 783), dass Bertha im Jahre 779 oder 780 geboren ist. Nithard kann daher unmöglich in den Jahren 788—791 das Licht der Welt erblickt haben. Vielleicht irren wir nicht, wenn wir seine Geburt in die letzten Jahre des achten Jahrhunderts setzen, in die Jahre 797—800[11]); zumal die Stelle in Nithard IV. cap. 5 „Hartuidum fratrem meum et me Nithardum genuit" zu der Annahme berechtigen könnte, Nithard sei der jüngere von den beiden Söhnen des Angilbert und der Bertha gewesen.

Von der Jugend und der Erziehung des Nithard erfahren wir gar nichts. Als er wehrhaft geworden war, hat er sich vielleicht am Hofe Kaiser Ludwigs des Frommen aufgehalten; wenigstens wurde er nach seiner eigenen Angabe von diesem Kaiser

---

[10]) Wattenbach a. a. O. p. 121.
[11]) Vrgl. Mayer a. a. O. p. 498: „Nithards Geburtsjahr ist uns nicht bekannt. Doch lässt sich wenigstens mit einiger Wahrscheinlichkeit dasselbe annähernd bestimmen. Da Hildegard, die Mutter der Bertha, sich nach S. Abel. Jahrb. d. fränk. Reichs u. Karl d. Gr. I. pp. 85 u. 369) mit 771 oder wenigstens vor dem 30. April 772, und zwar 13 Jahre alt sich vermählt hatte und dieselbe 783 starb, da ferner Angilbert nach 781 (l. c. pp. 320 u. 321, seit wann, wie lange wissen wir freilich nicht) eine Zeit lang in Italien und spätestens 792 im fränkischen Reiche wieder zurück war, liegt es nahe mit der Einleitung zu Angilberts Gedicht in Scriptt. II. p. 391 (ex Italia redux, Bertae amore devinctus, puellam uxorem duxit) den Anfang des Liebesverhältnisses in den Beginn des letzten Decenniums des 8. Jahrhunderts zu setzen. Denn vor Angilberts Abgang nach Italien wäre Bertha wol noch zu jung gewesen" u. s. w.

belehnt[12]). Vielleicht war er auf dem Reichstage zu Worms im Juni 839 zugegen. Die Schilderung, welche er im siebenten Capitel seines ersten Buches von diesem Reichstage gibt, ist so anschaulich, dass man ohne Bedenken daraus schliessen kann, der Verfasser sei Zeuge der von ihm geschilderten Ereignisse gewesen.

Erst aus dem späteren Leben Nithards sind uns sichere Tatsachen bekannt. Nach dem Tode des frommen Ludwig finden wir ihn im Lager des König Karl zu Bourges. Von hier aus sandte Karl, so erzählt Nithard selber[13]), ihn und den Adelgar zu Lothar, um diesen zur Beobachtung der Beschlüsse des wormser Reichstages vom Jahre 839 aufzufordern und daran zu mahnen, dass er den auf diesem Reichstage eingegangenen Verpflichtungen nachkomme. Nithard entledigte sich dieses Auftrages und bewies dabei zur Genüge die Biederkeit und Gradheit seiner Gesinnung. Lothar suchte ihn und Adelgar auf seine Seite zu bringen: sicherlich weil er sehr gut wusste, welche Stützen Karl in beiden Männern hatte. Allein treu dem Eide, welchen er seinem Herrn geschworen, widerstand Nithard und mit ihm Adelgar den Verlockungen Lothars selbst dann noch, als ihn dieser der Güter beraubte, mit welchen er einst von Ludwig dem Frommen belehnt worden war[14]). Wenn nun auch Nithard, ohne etwas Wesentliches erreicht zu haben und materiell sogar geschädigt, von seiner Gesandschaftsreise zurückkehrte, so hatte er doch durch die Anerbietungen und das Benehmen Lothars einen klaren Einblick in die wahren Absichten desselben gewonnen. Mit diesem Gewinne kam er zu seinem Könige, um denselben in dem bevorstehenden Kampfe mit Rat und Tat treulich zu unterstützen. Und dass er dies nach Kräften getan hat, beweist vor Allem sein Auftreten in der Schlacht von Fontenoy. Durch die rechtzeitige Hilfe, welche er an diesem heissen Schlachttage dem bei Solemé von Pipin hart bedrängten Adelhard brachte, trug er

---

[12]) Nithard II. c. 2. „honoribus quos pater (sc. Ludovicus pius) illis (sc. Nithardo et Adelgario) dederat, privavit.
[13]) Nithard. II. 2.
[14]) Nithard II. 2. Qui quidem — missos, videlicet Nithardum et Adelgarium, delegit et uti ocius valuit ad Lotharium direxit. — Quae quidem Lodharius simulans se benigne suscipere, legatos tantum salutationis causa redire permisit, ac per suos se responsurum de ceteris esse respondit. Insuper etiam, quoniam ad ipsum se vertere frustrata fide noluerunt, honoribus quos pater illis dederat privavit.

nicht wenig, vielleicht das Wesentlichste zum Siege der Sache Karls bei [15]).

Nach der Schlacht von Fontenoy, also nach dem 25. Juni 841, wird Nithard wol Karl auf dessen Zügen nach der Loire und Maas hin begleitet haben und schliesslich im September 841 mit dem Könige in das Lager bei St. Cloud gezogen sein. In diesem Lager beobachtete er am 18. October 841 eine Sonnenfinsternis, gerade als er mit der Beendigung des zweiten Buches seines Geschichtswerkes beschäftigt war. Er selbst berichtet uns von dieser Tatsache [16]. Von St. Cloud aus zog er, wie es scheint, mit König Karl nach Laon zur Befreiung des Adelgar und war dann am 14. Februar 842 Zeuge der feierlichen Eidesleistung auf den Gefilden bei Strassburg. Beide Ereignisse beschreibt er so ausführlich, dass wol angenommen werden kann, er habe denselben persönlich beigewohnt [17]). Ende März 842 kam er nach Achen und ward hier von Karl in die Zahl der Zwölfe gewählt, welche mit andern zwölf Bevollmächtigten Ludwigs die Teilung des Reiches unter die beiden Brüder vollziehen sollten [18]).

Nach Beendigung des für das Frankenreich so unheilvollen Bruderkrieges scheint sich Nithard vom öffentlichen Leben zurückgezogen zu haben und in ein Kloster gegangen zu sein, entweder weil er bei seinem Könige in Ungnade gefallen war, oder aus Schmerz über die immer mehr in Verfall geratenden Zustände und Verhältnisse seines Volkes. Dass Nithard von tiefem Schmerze über das Unglück der Franken erfüllt war, spricht er deutlich genug aus in den Vorreden zu dem dritten und vierten Buche seines Geschichtswerkes [19]).

Dass Nithard Abt gewesen ist, und wahrscheinlich wie sein Vater Abt des Klosters St. Riquier bei Centulum, lässt sich mit Sicherheit nachweisen. In dem Kloster des heiligen Richar hieng einst das Bild des Nithard und darunter befand sich ein Epitaphium [20], in welchem folgende Verse vorkommen:

---
[15]) Nithard II 15. „Pars vero quae in Solennat Adelhardum ceterosque quibus haud modicum supplementum Domino auxiliante praebui, appetiit, strenue conflixit."
[16]) Nithard II. 10. „Dum haec super Ligerim justa Sanctum Fludualdum consistens scriberem, eclipsis solis, hora prima, feria tertia 15. Kal. Novembris in Scorpione contigit".
[17]) Siehe Nithard III. 4 und 5.
[18]) Siehe Nithard IV. 1.
[19]) Vrgl. Paetz a. a. O. p. 7. Mayer a. a. O. p. 87.
[20]) Vrgl Meyer a. a. O. p. 501. Wattenbach a, a. O. p. 143 Anm. 3, wo das Epitaphium vollständig gegeben ist.

v. 1. Hic rutilat species Nithardi picta sagacis
v. 2. Nomen rectoris qui modico tenuit.
v. 9. Exstitit elatos rigidus mites humilisque
v. 10. Contra commissum pacificusque gregem.

Es ist unzweifelhaft unser Nithard, auf welchen sich diese Verse beziehen; sie sind daher ein ausreichender Beleg für unsere obige Behauptung.

Die Zeit, in welcher Nithard Abt war, lässt sich nicht genau bestimmen. Ueberhaupt sind wie die ersten so auch die letzten Lebensjahre Nithards für uns in völliges Dunkel gehüllt. Die Art und den Jahrestag seines Todes lernen wir aus dem erwähnten Epitaphium kennen. Es heisst darin:

v. 13. Occubuit Junii octavo decimoque Kalendas
v. 14. hostili gladio.

Nithard fand also seinen Tod von Feindeshand an einem 15. Mai nach 843.

Dies ist Alles, was wir von dem Leben und dem Tode Nithards wissen. Von seiner Leiche berichtet uns Hariulf noch eine sonderbare Geschichte in seiner centulensischen Chronik[21])

„Gerwinus, Abt von St. Riquier", so erzählt Hariulf, „von dem Wunsche beselt den heiligen Angilbert würdiger zu ehren, fieng an den Leichnam desselben zu suchen unter den Thüren der Kirche, wo, wie er erfahren hatte, derselbe zuerst bestattet worden war. Allein er fand dort nicht die Leiche des Angilbert, sondern in derselben Gruft, wo diese einst geruht hatte, lag in einem hölzernen mit Leder überzogenen Sarge ganz mit Salz übergossen die Leiche des Herrn Nithard, des Sohnes Angilberts, der Abt und Graf gewesen war; am Kopfe dieser Leiche war noch die Wunde zu sehen, durch welche Nithard in der Schlacht getödtet worden war." Ausser Hariulf berichtet kein anderer Schriftsteller von diesem Ereignisse; wir müssen daher die Wahrheit der Erzählung des nicht gerade allzu zuverlässigen Chronisten dahin gestellt sein lassen[22]).

---

[21]) Hariulfi Chron. Centulense c. 32. in D'Achery spicil. ed. nova II. „Gervinus.. cupiens eundem Sanctum (sc. Angilbertum) dignius honorare coepit perquirere ad fores ecclesiae, quo compererat, illum primo tumultatum fuisse, sanctam corporis ejus glebam; et illius quidem non ibi corpus invenit, sed in eodem quo pausaverat sarcophago invenit lecticam coriatam Domini Nithardi, filii ejus, abbatis et comitis corpus continentem sale perfusum; in ejus capite videbatur illa percussura, qua eventu proelii fuit occisus".
[22]) Vrgl. Meyer a. a. O. p. 86 u. p. 501. Paetz a. a. O. p. 7.

II. Ueber die Ursachen und die Zeit der Entstehung des Geschichtswerkes Nithards.

Nithard selbst sagt uns, was ihn zur Abfassung seines Geschichtswerkes veranlasst habe. „Als Ihr und die Euren, mein Herr", so beginnt er die Vorrede seines ersten Buches, „schon beinahe ein Jahr lang[23]) von Eurem Bruder befehdet wurdet, da gabt Ihr mir, wie Ihr selbst am besten wisst, ehe wir in die Stadt Châlons an der Marne einrückten, den Befehl die Geschichte Eurer Zeit zu schreiben." Ein Befehl seines Königs Karl machte also Nithard zum Geschichtsschreiber. In welche Zeit dieser Befehl zu setzen ist, werden folgende Betrachtungen ergeben.

Am 18. October 841 beendete Nithard, wie er selbst angibt, sein zweites Buch[24]). Damals hatte er also den Befehl schon längst von seinem Könige erhalten. Seitdem Karl mit seinem Bruder Lothar im Kampfe lag, war er vor dem 18. October 841 nur einmal in Châlons an der Marne gewesen, nämlich im Mai 841, kurze Zeit nach dem Siege Ludwigs auf dem Ries[25]). Nur im Mai 841 kann daher Nithard den Befehl von König Karl erhalten haben, die Geschichte seiner Zeit zu schreiben[26]).

Sicherlich konnte Nithard nicht sofort an die Ausführung des ihm gewordenen Befehls gehen. Die Zeit vom Anfange des Monats Mai bis zum Anfange des Monats September 841 war mit ihren vielen Märschen und Kämpfen durchaus nicht geeignet, einem Officiere aus dem Hauptquartiere Karls — und ein solcher war ja unser Nithard — die zur Abfassung eines Geschichtswerkes nötige Musse zu gewähren[27]). Als aber Karl im September 841 das Lager bei St. Cloud bezog und längere Zeit dort liegen blieb, da konnte Nithard eher genügende Ruhe finden, sein Werk zu beginnen. Diese Ruhe benutzte er denn auch zu fleissiger Arbeit und beendete schon am 18. October noch im Lager bei St. Cloud das zweite Buch[28]).

---

[23]) Ich lese mit Meyer (a. a. O. Excurs I.) in Nithard praef. lib. I anno vobis" statt „annis duobus".
[24]) Lib. II, 10 „Dum haec (i. e. caput ultimum libri II) super Ligerim juxta Sanctum Fludualdum consisterem, ecclipsis solis hora prima, feria tertia 15. Kal. Novembris in Scorpione contigit".
[25]) Vrgl. Nithard II, 9. Dümmler Gesch. d. ostfränk. Reiches I. p. 117. Meyer a. a. O. Excurs. I. Paetz a. a. O. p. 9.
[26]) Siehe Scholle dis. inaug. Lotharii I cum fratribus de monarchia certamen. Berlin 1855, q. 50 u. 81 liesst in Nithard I praef. „annis duobus" und stellt im Anschluss daran eine Behauptung auf, deren Unhaltbarkeit Meyer a. a. O. Excurs. I nachgewiesen hat.
[27]) Siehe Nithard III, 1—3.
[28]) Siehe Anm. 23 die aus Nithard II, 10, angeführte Stelle.

Der 18. October 841 als Tag der Beendigung des zweiten Buches ist zugleich der früheste Anfangstermin des dritten Buches. Beenden konnte Nithard dies Buch nicht vor dem 20. März 842, da das letzte Capitel desselben von Ereignissen berichtet, welche erst mit diesem Tage ihren Abschluss erreichten[29]).

Das ganze Werk vollendete Nithard „als Kaiser Karl seligen Angedenkens schon beinahe dreissig Jahre tot war", also im Jahre 843[30]). Wahrscheinlich legte Nithard gleich nach der am Ende seines Werkes erwähnten Mondfinsternis vom 20. März 843 den Griffel nieder. Dies hat schon Meyer von Knonau bemerkt und zu begründen versucht. Meyer von Knonau schreibt a. a. O. n. 488: „Dass Nithard gleich nach dem 20. März sein Werk endete, schliesse ich aus folgenden Umständen. In c. 6 redet er von den Plünderungen der fernen Saracenen. Hätte er noch nach dem 24. Juni geschrieben, so würde er die Heimsuchung des ungleich näher liegenden Nantes durch die Normannen nicht übergangen haben. Die Worte am Schlusse des Werkes: „aeris intemperies spem omnium bonorum eripiebat" gestatten nicht, den Abschluss in den Mai zu setzen, da nach der Chronik von Brescia (Scr. III. p. 240): fuit fames valida in mense Majo, in diesem Monate bereits die Folgen des schlechten Wetters sich zeigten. Dass Nithard auch nach dem 19. April nicht mehr mit Schreiben beschäftigt war, darf man wol daraus schliessen, dass der Tod von Karls Mutter, der Kaiserin Witwe, nicht mehr erwähnt ist". Diesen Untersuchungen Meyer von Knonaus füge ich nur noch hinzu, dass der Schluss des Werkes Nithards selbst unsere Annahme zu bestätigen scheint. Die Worte von: „Ipsa elementa tunc" bis zu Ende machen ganz den Eindruck, als seien sie noch nachträglich als ein sich zufälliger darbietender Beleg für das Gesagte hinzugefügt worden.

III. Ueber die Quellen, aus welchen Nithard bei der Abfassung seines Geschichtswerkes schöpfte.

Um die Frage nach den Quellen Nithards zu beantworten, müssen wir uns zunächst klar machen, welche Stellung Nithard

---

[29]) III. 7. Hier erzählt Nithard von dem Abmarsche der Könige Karl und Ludwig aus Mainz, welcher am 17. März 842 erfolgte. cf. Dümmler a. a. O., I. p 169.

[30]) Nithard IV. 7 „Nam temporibus bonae recordationis magni Karoli qui evoluto jam paene anno 30 decessit". Diese Worte Nithards beweisen die Richtigkeit unserer Behauptung. Kaiser Karl der Grosse starb nach Einhard vita Karoli c. 30 am 28. Januar 814.

den Ereignissen gegenüber einnahm, deren Darstellung er in seinem Geschichtswerke geben wollte. Es ist nötig, dass wir uns dabei die Untersuchungen des vorhergehenden Abschnittes in das Gedächtnis zurückrufen. Diese Untersuchungen haben ergeben, dass Nithard sein Werk verfasste mitten im Strome derjenigen Ereignisse stehend, mit deren Darstellung er von König Karl beauftragt worden war. Deshalb kann in Bezug auf das zweite, dritte und vierte Buch von einer Benutzung solcher Aufzeichnungen, welche Andere über die Zeitgeschichte gemacht hatten, durchaus nicht die Rede sein. Keiner stand den Ereignissen näher als Nithard; die Aufzeichnungen Anderer konnten ihm daher nichts Anderes sagen, als was er selbst wusste. Die Quelle, aus welcher Nithard bei der Abfassung des zweiten, dritten und vierten Buches schöpfte, war die Kenntniss, welche er als Zeitgenosse von dem Verlaufe und Zusammenhange der Tatsachen gewonnen hatte. Aus der Mitte der Begebenheiten heraus berichtete er das, was er selbst durchlebte, woran er selbst tätigen Anteil nahm[31].

Anders stellt sich die Sache in Bezug auf das erste Buch. Die Ereignisse, welche in diesem Buche dargestellt werden, waren längst vergangen, als Nithard anfieng zu schreiben. Es ist daher nicht unmöglich, dass Nithard den Inhalt seines ersten Buches aus vorliegenden schriftlichen Quellen entnahm.

Pertz entscheidet in seiner Vorrede zu Nithards vier Büchern Geschichten (Mon. Germ. SS. II. p. 649 fg.) diese Frage folgender Massen: „Auctor si non omnibus, majori tamen parti rerum a se narratarum interfuit, et nonnisi libro primo in iis, quae ante obitum Imperatoris contigerant, auctorem vitae Illudovici anonymum secutus esse oidetur, insertis nonnullis (e. g. de portione regni Karolo tributa) quae apud Anonymum incassum quaesiveris." Pertz meint also, der Inhalt des ersten Buches Nithards sei zum Teil aus derjenigen uns überlieferten Lebensgeschichte Ludwig des Frommen[32] geflossen, deren gänzlich unbekannter Verfasser gewöhnlich der Astronom genannt wird. Die entgegengesetzte Ansicht spricht Funck in seiner Lebensgeschichte Ludwigs des Frommen aus. Er sagt nämlich, der Astronom scheine in seinen letzten Capiteln Vieles aus Nithard entlehnt zu haben[33].

---

[31]) Vrgl. Wattenbach a. a. O. p. 144.
[32]) Mon. Germ. SS. II. 604—648.
[33]) Fr. Funck: Ludwig der Fromme p. 273 u. 5. „Der Astronom — wie er überhaupt Vieles in seinen letzten Capiteln aus Nithard entlehnt zu haben scheint."

Weder Pertz noch auch Funck scheinen jedoch eine genaue Vergleichung zwischen der Vita Hludovici des unbekannten Verfassers und dem ersten Buche Nithards angestellt zu haben. Zuerst untersuchte Paetz in seiner bereits mehrfach erwähnten Dissertation das Verhältnis des Astronomen zum Nithard eingehender. Ein Jahr später stellte Meyer von Knonau ohne Kenntnis der Arbeit von Paetz dieselbe Untersuchung an in seiner schon wiederholt genannten Schrift über Nithard und sein Geschichtswerk. Beide kommen ganz unabhängig von einander zu dem Resultate, dass der Astronom in den letzten Capiteln seine Lebensgeschichte Ludwigs des Frommen das erste Buch Nithards benutzt habe.

Bis zum sechsten Capitel des ersten Buches Nithards und dem neun und fünfzigsten der Vita des Astronomen findet durchaus keine Uebereinstimmung zwischen beiden Werken statt. Der Astronom ist weit ausführlicher in seiner Darstellung als Nithard, der ja nicht wie jener eine Biographie Ludwigs des Frommen schreiben, sondern aus der Geschichte dieses Kaisers nur diejenigen Begebenheiten herausheben will, deren Kenntnis zu einem besseren Verständnis des eigentlichen Inhalts seines Werkes nötig ist. Nirgend findet sich ein Anklang der Worte des Einen an die des Andern; dieselben Ereignisse stellen vielmehr beide ganz unabhängig von einander dar, wie dies am deutlichsten und unzweifelhaftesten ein Vergleich des sechsten Capitels Nithards mit dem zwei und fünfzigsten des Astronomen zeigt. Mit dem sechsten Capitel wird auch Nithard ausführlicher: er beginnt damit die Darstellung derjenigen Ereignisse, von welchen die vita Hludovici vom neun und fünfzigsten bis zum neun und sechzigsten Capitel erzählt. Vergleicht man diese Teile beider Werke mit einander, so findet sich eine merkwürdige zuweilen fast wörtliche Uebereinstimmung. Beide Werke müssen daher hier in irgend welcher Beziehung zu einander stehen.

Die Untersuchungen Paetzes und die noch gründlicheren Forschungen Meyer von Knonaus haben unzweifelhaft ergeben, dass Nithard den Astronomen nicht benutzt hat, dass vielmehr Alles dafür spricht, der Inhalt der letzten Capitel der vita Hludovici beruhe zum Teil auf der Darstellung der Ereignisse, wie dieselbe in den letzten Capiteln des ersten Buches Nithards enthalten ist[14]).

---
[14]) Paetz a. a. O. p. 12—14.

Gestützt auf die Untersuchungen Paetze's stellt Wattenbach³⁵) die Vermutung auf: die Uebereinstimmungen in den Werken Nithards und des Astronomen möchten vielleicht darauf beruhen, dass beide Verfasser, als sie die Ereignisse der Jahre 837—840 darstellten, dieselbe uns nicht überlieferte Quelle benutzten. Die durch diese Vermutung Wattenbachs angeregte Frage ist bis jetzt noch nicht untersucht worden; sehen wir deshalb zu, wie sich dieselbe beantworten lässt.

Es ist durchaus nicht nötig für das erste Buch Nithards eine andere Quelle vorauszusetzen als für die drei folgenden Bücher. Diese verfasste Nithard, wie schon oben bemerkt wurde, gestützt auf diejenige Kenntnis, welche er sich als Zeitgenosse durch eigene Erfahrung und Anschauung von dem Verlaufe und Zusammenhange der geschichtlichen Entwickelung der Ereignisse gewonnen hatte. Weshalb dürfen wir nicht dasselbe von der Abfassung des ersten Buches annehmen? Aller Wahrscheinlichkeit nach müssen wir die Geburt Nithards in die letzten Jahre des achten Jahrhunderts verlegen³⁶). Nithard war daher zu der Zeit, als Ludwig der Fromme die Regirung übernahm, alt genug, um sich durch eigene Anschauung eine genaue Kenntnis der Geschichte dieser Regirung zu verschaffen, zumal er als Neffe und später auch als Vasall des frommen Kaisers ohne Frage den Ereignissen seiner Zeit immer sehr nahe stand. Ein Mann wie unser Nithard hatte daher durchaus nicht nötig in fremden Aufzeichnungen den Stoff für einen nur summarischen Ueberblick über die Geschichte der Zeit zu suchen, welche er selbst mit durchlebt hatte; in seinem eigenen Gedächtnisse fand er des Stoffes die Fülle. Durchaus selbständig verfasste Nithard auch sein erstes Buch und berichtete darin unabhängig von jedweden schriftlichen Aufzeichnungen anderer Geschichtsschreiber seiner Zeit, wie sich der geschichtliche Zusammenhang der Begebenheiten während der Regirung Ludwigs des Frommen seinem Gedächtnisse eingeprägt hatte. Die Vermutung Wattenbachs hat somit keine Berechtigung und ist als eine unnötige und überflüssige zurückzuweisen.

Damit ist nun aber auch die Frage nach der Originalität des Astronomen gegenüber Nithard entschieden. Dieser hatte keine Ursache, aus den Werken anderer Schriftsteller den Inhalt

---

³⁵) a. a. O. p. 143 Anm. 1.
³⁶) Siehe oben p. 5.

seines ersten Buches zu schöpfen; finden sich aber Uebereinstimmungen zwischen seiner Darstellung der Ereignisse und derjenigen, welche wir beim Astronomen lesen, so kann kein Zweifel darüber entstehen, wer von beiden als Plagiator anzusehen ist: es ist der unbekannte Verfasser der vita Hludovici, welche überhaupt öfter Zweifel an der Selbständigkeit des Verfassers aufkommen lässt.

Allein es soll durchaus nicht gesagt werden, dass Nithard gar keine schriftlichen Aufzeichnungen irgend welcher Art bei der Abfassung seines Geschichtswerkes benutzt habe. Die Angabe derjenigen Gebietsteile, welche im October 837 auf dem Reichstage zu Achen Kaiser Ludwig seinem Sohne Karl übertrug, findet sich, so wie Nithard dieselbe lib. I. cap. 6 von „id est a mare — in quacunque regione consistebant" macht, wörtlich übereinstimmend in den Reichsannalen des Prudentius zum Jahre 837 (M. G. SS. I. p. 431) wider[37]). Nithards vier Bücher Geschichten und die Annalen des Prudentius stehen aber in gar keiner Beziehung zu einander. Die wörtliche Uebereinstimmung beider in dieser einen Stelle kann deshalb nur dadurch entstanden sein, dass Nithard sowol als Prudentius aus der für jene Gebietsübertragung aufgestellten Urkunde wörtlich abschrieben[38]).

Meyer vermutet (a. a. O. p. 14) die Benutzung von Urkunden noch an folgenden Stellen des ersten Buches Nithards:

cap. 3. in der Angabe des Eides, welchen Lothar ablegte, als er sich zum Pathen und Schirmherren des kleinen Karl machen liess; ferner

cap. 3. in der Anführung der Versprechung Kaiser Ludwigs, besser regieren zu wollen, welche er 830 den Mönchen in der libera custodia machte;

drittens cap. 5. in der Aufzählung der Bedingungen, unter denen der Kaiser 834 bei Blois Frieden schloss;

viertens endlich cap. 7. in der Ueberlieferung der letzten Ermahnungen, welche Kaiser Ludwig an Lothar bei dem Gespräche zu Worms im Juni 839 richtete.

Was die ersten drei Stellen betrifft, so ist darin die Fassung der Worte allerdings etwas formelhaft und erinnert an den Canzlei-

---

[37]) Statt „consistebant" hat Prudentius „consistant". Für „Batua" ist bei Prudentius wie bei Nithard „Haettra" zu lesen cf. Dümmler p. 123 n. 40. Meyer a. a. O. n. 69.

[38]) Dümmler Gesch. d. ostfränk. Reiches p. 123. n. 40. Meyer p. 40 n. 68. u. 69.

stil der Urkunden aus carolingischer Zeit. Ob dies aber der unmittelbaren Benutzung von Urkunden oder rein zufälligen Umständen zuzuschreiben ist, das kann nicht entschieden werden. In Bezug auf die letzte Stelle ist es durchaus nicht nötig, eine Urkunde als Quelle anzunehmen. Wie bereits oben (pag. 6) erwähnt, und wie auch Meyer a. a. O. bemerkt, ist es sehr wahrscheinlich, dass Nithard auf dem Reichstage zu Worms im Juni 839 persönlich zugegen war. Das, was er dort sah und hörte, war aber bedeutungsvoll genug, um sich seinem Gedächtnisse so fest einzuprägen, dass es demselben nach kaum mehr als zwei Jahren noch vollständig gegenwärtig sein konnte.

Bis auf die eine Stelle im sechsten Capitel lässt sich also eine Benutzung von Urkunden im ersten Buche Nithards nicht nachweisen.

IV. Ueber die Glaubwürdigkeit und den historischen Wert der Angaben Nithards.

Nach den Ergebnissen der Untersuchungen über die Quellen Nithards können Irrthümer und Unwahrheiten in das Geschichtswerk desselben nur durch den Verfasser selber, nicht durch ein Anlehnen an fremde Aufzeichnungen gekommen sein. Ob nun die Angaben Nithards vollkommen glaubwürdig seien, und welcher historische Wert denselben beizulegen sei, diese Frage soll uns jetzt beschäftigen. Die bis jetzt darüber ausgesprochenen Urteile lauten verschieden. Funck (Gesch. Ludwigs d. Fr., Vorrede) meint, den Worten Nithards sei nicht immer zu glauben. Aehnlich urteilt Ludwig Häusser (teutsche Geschichtsschreiber p. 42): „Schade ist es darum, dass Nithard nicht selten deutlich verrät, wie ihm das, was im Lager der Feinde geschah, nur in falschem und einseitigem Lichte erschien, und wie er andern Teils nicht selten parteiisch wird im Interesse dessen, nach dessen Auftrage er schrieb. Die Habsucht und Herrschsucht Ludwigs, Pippins und besonders Lothars schildert er mit sehr schwarzen Farben; sie sind immer die Friedensstörer, Karl der Gerechte, der Friedfertige, der Genügsame".

Wattenbach (G. 10) schreibt: „Dass auch Nithards Schrift durchaus parteiisch ist, versteht sich von einem Manne, der mitten in den heftigsten Kämpfen stand, von selbst; es konnte nicht anders sein". Trotz dieser selbstverständlichen Parteilichkeit habe aber Nithard „mit Ernst und Wahrheitsliebe berichtet, was er selbst durchlebt, woran er selbst den bedeutendsten Anteil genommen hat".

Friedrich Christian Schlosser sagt in seiner „allgemeinen Weltgeschichte Bd. 4 p. 434„ über Nithard: „Seine vier Bücher Geschichten, obwol sehr geringen Umfangs, gehören zu den vorzüglichsten Werken des früheren Mittelalters; sie zeigen Ernst und Wahrheitsliebe nicht minder als Welt- und Geschäftskenntnis". Schwartz (der Bruderkrieg der Söhne Ludwigs d. Fr. u. s. w.) Scholle (diss. inaug. de Lotharii primii c. fratribus de monarchia certamine) und Dümmler (Gesch. des ostfränk. Reiches) sprechen ihre Ansichten über die Glaubwürdigkeit Nithards nicht ausdrücklich aus, stellen sich jedoch in ihren Werken in keinen irgend nennenswerten Widerspruch oder Gegensatz zu Nithard. Paetz kommt in seiner Dissertation zu folgendem Ergebnisse (pag. 4): „Nithardi fides confitemur, prorsus sincera in quaque operis parte appellanda est". Meyer endlich gewinnt (pag. 91) folgende Ansicht: „Wer auch immer die Geschichte des Bruderkrieges sich vergegenwärtigen will, wird Nithards vier Bücher Geschichten zum Ausgangspunkte nehmen müssen. Nicht nur wird er in denselben den reichsten Aufschluss finden, und nicht allein führen sie in ihrer leidenschaftslosen und ernsten einfach edlen und schlicht wahren Schreibweise mitten in die viel und wild bewegte Zeit hinein".

Dies sind die Ansichten, welche die Forscher auf dem Gebiete der mittelalterlichen Geschichte, gestützt auf mehr oder weniger gründliche Untersuchungen, über die Glaubwürdigkeit der Angaben in Nithards vier Büchern Geschichten aufgestellt haben. Alle kommen darin überein, dass Nithard höchst verständig und einsichtig bei der Abfassung seines Werkes verfahren sei und dadurch sich als einen zur Geschichtsschreibung in hohem Masse befähigten Mann erwiesen habe. In Bezug auf die Wahrheit und Glaubwürdigkeit, die Objectivität der Darstellung Nithards gehen dagegen die Ansichten der Einzelnen auseinander. Die Einen halten das Werk Nithards für eine wahrheitsgetreue und dem wirklichen Gange der Ereignisse entsprechende Darstellung der Geschichte des Bruderkrieges; die Andern hingegen meinen, dieses Werk biete keinen ganz klaren Einblick in die Geschichte jenes Krieges, weil der Verfasser desselben sich auf einen einseitigen Parteistandpunkt gestellt habe. Ob wir uns zu

Anhängern der ersten oder der zweiten dieser beiden Ansichten machen, das soll eine nähere Betrachtung des Geschichtswerkes Nithards entscheiden.

Dem Befehle seines Herrn gemäss sollte Nithard die Geschichte der Zeit des Königs Karl schreiben. Unter der Geschichte seiner Zeit verstand nun Karl, wie sich aus der Vorrede zum ersten Buche ergibt, die Geschichte des Kampfes, welchen er nach dem Tode des Vaters Ludwig mit seinem Bruder Lothar um die Teilung des Reiches führte. Die Darstellung dieses Kampfes also war die Aufgabe Nithards. Doch ehe er an die Lösung dieser Aufgabe geht, will er einen kurzen Ueberblick derjenigen Ereignisse vorausschicken, welche während der Regirung Ludwigs des Frommen jenen Bruderkrieg vorbereiteten, „damit einem jeden Leser der wahre Grund der Streithändel Karls leichter vor Augen liege". Diesem Ueberblicke aber soll „als würdiger Anfang des ganzen Werkes" noch ein Nachruf an den ruhmreichen Grossvater des Königs Karl vorangehen.

„Karl der Grosse war der Gründer des Reiches gewesen, um dessen Teilung seine Enkel mit den Waffen stritten. Mit fester und sicherer Hand hatte der mächtige Kaiser, den alle Nationen mit vollem Rechte den Grossen nennen, die Regirung der ausgedehnten Herrschaft geleitet und durch seine gewaltige Persönlichkeit Ruhe und Ordnung aufrecht erhalten". Dies ungefähr ist der Inhalt des ersten Capitels von Nithards erstem Buche. „Treffend", sagt Meyer (pag. 1) „schildern die wenigen Sätze des alten Kaisers glänzendes Wirken, vielleicht nicht ohne eine feine Nebenbeziehung auf die im Folgenden zu erzählende, in ihrem Gange so unerfreuliche Regirung seines Sohnes". Ohne Bedenken können wir dieser Vermutung Meyers beistimmen. Nithard wollte das Glück seines Volkes und deshalb eine geordnete und friedliche Entwicklung der inneren Verhältnisse; dies spricht er an mehreren Stellen seines Werkes deutlich aus[19]). Auf ihn konnte daher die in ihrem Gange wirklich recht unerfreuliche Regirung Ludwigs und ihre noch unerfreulicheren Folgen durchaus keinen angenehmen und befriedigenden Eindruck machen. Diese Regirung hatte nichts als Jammer und Elend über das Frankenreich gebracht, durch ihre grenzenlose Haltlosigkeit und Schwäche alle Verhältnisse verwirrt und zerrüttet.

---

[19]) Vrgl. besonders I. 3. III. prsef. IV. praef. u. cap. 6.

Charakterlose, ehrgeizige Günstlinge hatten dieselbe grössten Teils in Händen und benutzten ihre Macht wol zu eigenem Vorteile, nicht aber zum Wole des Reiches. Wie ganz anders hatte das Frankenreich zu den Zeiten des grossen Karl dagestanden! Die feste und umsichtige Regirung dieses gewaltigen Kaisers hatte geordnete Zustände im Innern und Ansehen nach Aussen geschaffen und für das Wol und den Ruhm der Franken aufs Beste gesorgt. Der Abstand zwischen beiden Regirungen war daher ein sehr grosser; dies musste der am meisten empfinden, welcher wie Nithard ein wahrer Freund seines Volkes war und ein warmes Herz für das Wol, den Ruhm und die Grösse desselben hatte. Nicht ohne Absicht mag daher unser Nithard jenen gehobenen Nachruf an den Schöpfer der Grösse des fränkischen Reiches in den Anfang seines Werkes gestellt haben, dessen Inhalt ja die Darstellung des tiefsten Verfalles jener einstigen Grösse bilden sollte.

Im zweiten Capitel beginnt dann Nithard die zusammenhängende Darstellung derjenigen Ereignisse, welche als Ursachen des Bruderzwistes zu betrachten sind nach seiner Meinung.

Der Erbe des mächtigen Reiches Karls des Grossen war sein Sohn Ludwig. Dieser war beim Tode des Vaters nicht zugegen, eilte aber auf die Nachricht davon sofort nach Achen und übernahm daselbst die Herrschaft und die Huldigungen des Volkes. Wenige Jahre danach teilte er das Reich unter seine drei Söhne aus erster Ehe: Pipin, Ludwig und Lothar. Pipin erhielt Aquitanien, Ludwig Bayern, Lothar aber ward zum Erben des ganzen Reiches eingesetzt und sollte schon zu Lebzeiten des Vaters den kaiserlichen Namen führen. Inzwischen starb aber die Mutter dieser Söhne und Ludwig verheiratete sich zum zweiten Male mit der Judith, die ihm einen Sohn gebar, der Karl genannt wurde. Die Geburt dieses Sohnes ward nun der Grund zu grossen Wirren. Ludwig wollte auch ihm einen Teil seines Reiches geben; allein er hatte nichts mehr, da das Reich bereits unter seine drei Söhne aus erster Ehe geteilt worden war. Endlich jedoch gelingt es dem Kaiser, Lothar für seine Absichten zu gewinnen. Dieser erklärt sich damit einverstanden, dass der kleine Karl einen Teil des Reiches vom Vater erhalte, und verpflichtet sich auch eidlich, seinen Bruder in den ihm zu überweisenden Besitze gegen jeden Feind zu schützen. Allein bald gereut Lothar sein Versprechen. Sein Schwiegervater Hugo und gewisser Mathfried und Andere suchen ihn dahin zu bringen, dass er die eingegangenen Verpflichtungen widerrufe. Diese Bestrebungen bleiben dem Kaiser und seiner Gemahlin keines Wegs verborgen. Ludwig macht deshalb, um eine Stütze gegen Lothar zu gewinnen, Bernhard, Herzog von Septimanien, zu seinem Kämmerer und ersten Minister; zugleich übergibt er dem kleinen Karl Alemannien. Das ist für Lothar und seine Partei das Zeichen zu offener Empörung. Zu Compiègne nimmt er im Einverständnisse mit seinen Brüdern, Pippin und Ludwig, den Vater und den kleinen Karl gefangen und bemächtigt sich so der Herrschaft des ganzen Reiches, nachdem er die Judith in ein Kloster gesteckt und den Bernhard zur Flucht nach Septimanien getrieben hat. Lothars schlechtes Regiment erregt aber bald allgemeinen Unwillen, und so geschieht es, dass der Vater seine beiden jüngeren Söhne auf seine Seite bringt und mit ihrer Hülfe in öffentlicher Reichsversammlung wieder eingesetzt wird in seine Rechte. Lothar wird auf die Herrschaft über Italien beschränkt und muss versprechen, dass er gegen den Willen des Vaters nichts unternehmen werde. Das gute Einvernehmen zwischen dem Kaiser und seinen beiden jüngeren Söhnen ist jedoch nicht von langer Dauer. Judith, welche ihren Sohn Karl mindestens gleichberechtigt neben die anderen Söhne des Kaisers stellen will, bringt es endlich dahin, dass ihr Gemal dem Pippin sein Königreich Aquitanien entreisst und dasselbe dem kleinen Karl überträgt. Da erheben sich Lothar, Pippin und Ludwig im Bunde mit dem Papste Gregor zum zweiten Male gegen den Vater. Auf dem Lügenfelde bei Strassburg wird der Kaiser, von dem grössten Teile der Seinen verlassen, gefangen genommen und jetzt mit Karl in strengen Gewahrsam gebracht; Judith wird in die Lombardei verbannt. Lothar hat widerum die Herrschaft in seinen Händen; aber auch dies Mal nur auf kurze Zeit. In seiner Partei selbst brachen Spaltungen aus und ausserdem traten Pippin und Ludwig wider auf die Seite des Kaisers. Lothar wagte nicht, dieser Verbindung entgegenzutreten, sondern lässt den Vater und seinen Halbbruder in St. Denys frei und zieht sich nach Vienna zurück. So nimmt denn der fromme Ludwig abermals die Regirung in seine Gewalt. Allein die Partei Lothars ist noch nicht überwunden. An der Grenze der brettonischen Mark stehen die Anhänger desselben unter den Grafen Matfrid und Lambert noch wolgerüstet. Diese erfechten einen glänzenden Sieg über den

Grafen Odo, welchen der Kaiser zu ihrer Unterdrückung ausgesandt hat. Auf die Nachricht hiervon bricht Lothar sofort zur Unterstützung der Seinen von Vienne auf. Er nimmt Châlons an der Saone im Sturm und rückte gegen Orleans vor. Hier tritt ihm der Vater, unterstützt von seinem Sohne Ludwig, mit einem grossen Here entgegen. Es kommt jedoch nicht zum Kampfe, sondern Lothar unterwirft sich dem Vater, indem er sich eidlich verpflichtet, dass er innerhalb einer bestimmten Zeit nach Italien sich zurückziehen und fürderhin weder die Grenzen Frankreichs ohne Erlaubnis des Vaters betreten, noch irgend etwas gegen den Willen desselben unternehmen werde. Ludwig regirt nun in gewohnter Weise und überträgt im Jahre 837 auf dem Reichstage zu Achen dem kleinen Karl einen grösseren Teil des Reiches. Darauf unterdrückt er einen Aufstand seines Sohnes Ludwig und sucht dann den Lothar für sich zu gewinnen auf Anraten seiner Gemalin Judith. Auf dem Reichstage zu Worms vom Jahre 839 findet die Aussöhnung zwischen Vater und Sohn statt und eben daselbst wird das ganze Reich mit Ausnahme Bayerns zwischen Lothar und Karl geteilt; Lothar erhält die östliche, Karl die westliche Hälfte; der erste verpflichtet sich dabei zu steter Freundschaft gegen seinen Bruder. Um dieselbe Zeit erhält der Kaiser die Nachricht von dem Tode Pippins. Er bricht deshalb mit Karl nach Aquitanien auf und lässt diesem von den Aquitaniern huldigen. Darauf unterdrückt er noch einen neuen Aufstand seines Sohnes Ludwig und stirbt endlich am 20. Juni 840.

Dies ist der wesentliche Inhalt des ersten Buches. Hat nun Nithard damit seinen Zweck erreicht und einen klaren Einblick in die eigentlichen Anfänge und die wahren Ursachen des Bruderkrieges gegeben?

Um diese Frage zu beantworten, wollen wir untersuchen, ob Nithard entweder durch irrtümliche Angaben oder aus einem parteiischen Interesse für die Sache seines Herrn der historischen Treue Eintrag getan und ein falsches Licht über die Begebenheiten und ihren Zusammenhang verbreitet habe.

Was nun zunächst die Irrtümer Nithards betrifft, so versucht Meyer von Knonau[10] deren mehrere nachzuweisen; oft jedoch mit Unrecht. So meint er erstens, dass in cap. 2 die

---

[10] A. a. O. p. 13.

Angaben Nithards über die Dreiteilung des von Karl dem Grossen hinterlassenen Schatzes nicht ganz die Wahrheit treffen. Aller Dings stehen denselben ziemlich einstimmig das Testament Karls des Grossen bei Einhard vita Caroli cap. 33 und die Angaben des Astronomen c. 22, Thegans c. 8, der Chronik von Moissac a. 813 und des Ermoldus Nigellus I—II. vv. 159—170 entgegen. Es ist aber doch fraglich, ob Ludwig das Testament seines Vaters wirklich genau dem Wortlaute entsprechend vollzogen hat. Funck[11]) nimmt dies nicht an und hält die Angaben Nithards aufrecht. Eine sichere Entscheidung der Frage kann bei dem Stande der Ueberlieferung in Betreff dieser Angelegenheit nicht gewonnen werden; die Ansichten Funcks haben jedoch viel für sich.

Einen andern Irrtum sieht Meyer von Knonau in cap. 4 in den Worten: „Karolus una cum patre sub magna custodia servabatur". Aus der vita Hludovici cap. 48, den annales Bertiniani a. 833, dem Schreiben Karls des Kahlen an Papst Nicolaus (Simon conc. Gall. III. 360) und den annales Elnonenses minores a. 833 ergibt sich aller Dings, dass Karl getrennt vom Vater in Kloster Prüm gefangen gehalten wurde. Allein nicht sofort nach den Ereignissen am Berge Sigwald, sondern erst von Soissons aus wurde Karl nach Prüm geschafft, bis dahin war er immer „zusammen mit dem Vater" gewesen[12]). Wir können also Nithard einen eigentlichen Irrtum in seinem Berichte nicht vorwerfen. Hätte er alle Einzelheiten aus der Gefangenschaft Ludwigs und Karls angeben wollen, dann freilich läge ein Irrtum in seinen Worten; allein dies war ja durchaus nicht die Absicht unseres Geschichtschreibers.

Zwei andere sachliche Irrtümer Nithards weist Meyer von Knonau im cap. 4 richtig nach. Gegen die Angabe Nithards, dass Ludwig der Fromme im Jahre 834 Gesandte an Lothar geschickt habe, welche demselben befehlen sollten, sich schleunigst hinter die Alpen zu entfernen, sprechen Thegan cap. 54 und die annales Bertiniani ad annum 834; nach beider Angaben forderten die Gesandten Lothar vielmehr auf zum Vater zu kommen und Verzeihung zu erbitten[13]). Ferner waren es nicht die Gefangenwärter

---

[11]) Gesch. Ludw. d. Fr. p. 48 und 243.
[12]) Cf. Dümmler Gesch. d. ostfr. Reiches I. 95.
[13]) Dümmler a. a. O. p. 95 folgt auch den Angaben Thegans u. d. ann. Bertin.

der Judith, welche diese aus ihrem Gewahrsam befreiten, sondern ergebene Anhänger des Kaisers, der Bischof Ratold von Verona, der Graf Bonifacius von Corsica und Pippin, der Sohn des geblendeten Königs Bernhard von Italien[44]).
Dass Meyer von Knonau einen Verstoss in den Worten cap. 6: „ob id colloquium commotio non modica exorta est; sed facile quievit", sehen will, ist gesucht und wol der falschen Uebersetzung von „commotio non modica" durch „eine geringe Bewegung" zuzuschreiben.

Ausser diesen sachlichen Irrtümern bemerkt Meyer von Knonau noch einige Verstösse gegen die chronologische Reihenfolge der Ereignisse in den Capiteln 2, 4, 6, 8[45]).

In cap. 2, meint er, hätte Nithard den Aufstand Bernhards nach der Verfügung über die Erbfolge und nach der erzwungenen Einkleidung Drogos, Hugos und Theodorichs als Mönche setzen müssen. Es ist richtig, dass der Aufstand Bernhards von Italien nach Festsetzung der Erbfolgeordnung im Jahre 817 und vielleicht durch dieselbe veranlasst stattfand[46]). Allein es lässt sich durchaus nichts gegen die durch Paetz[47]) bestätigte Vermutung der Monumenta[48]) Germaniae einwenden, dass Nithard mit der Reichsteilung die Bestätigung der Erbverfügung von 817, welche 821, also nach dem Aufstande Bernhards, erfolgte, meine. Erst als die Teilungsacte von 817 ihre letzte feierliche Sanction in öffentlicher Reichsversammlung erhalten hatte, da war ihr volle Gültigkeit gegeben, wenigstens war damit ihre gesetzliche Kraft erneut und verstärkt worden. Entschieden Unrecht aber

---

[44]) Cf. Astronomi vita Hlud. c. 52. ann. Bert. a. a. 834. Dümmler a. a. O. p. 96.
[45]) Meyer p. 13.
[46]) Einhard ann. a. a. 817. Thegan c. 22. Astronom cap. 29. Dümmler p. 25. Funck p. 61.
[47]) „Mirum", schreibt Paetz p. 16, „sane est quod auctor divisionem imperii in conventu Aquisgranensi a. 817 propositam ac constitutam omnino silentio praeteriit. Quod non aliter excusaveris quam quod divisionem imperii a. 821. Noviomagi ab omni populo jure jurando confirmatam majoris momenti esse dixit."
[48]) Meyer n. 62: „Das Mittel, durch welches script. II. p. 651 diesem Fehler abzuhelfen versucht wird, ist zu gezwungen. Es wird nämlich an den Rand zu der Verfügung über die Reichsteilung die Jahreszahl 821 gesetzt, so dass also Nithard nicht den ersten Erlass der Acte von 817, sondern die im Mai 821 erfolgte Bestätigung derselben im Auge gehabt hätte u, s. w." Ich sehe in diesem Mittel der Monumente durchaus nichts Gesuchtes, und so lange Meyer nicht nachgewiesen hat, dass Nithard durchaus die erste Aufstellung der Teilungsacte von 817 meinen müsse, kann ich mich seiner Ansicht nicht anschliessen.

hat Meyer von Knonau, wenn er annimmt, dass der Aufstand Bernhards nach der Einkleidung Drogos und seiner Brüder als Mönche zu setzen sei. Die Angabe Nithards, dass der Aufstand Bernhards den Kaiser Ludwig veranlasste, seine Brüder scheren zu lassen, findet ihre Bestätigung durch Thegan[19]) und ist unbedingt als wahr anzunehmen.

Dagegen bemerkt Meyer von Knonau mit Recht, dass Nithard den Reinigungseid der Judith drei Jahre zu spät setze und ausserdem cap. 6 fälschlich den Kaiser gleich nach der Unterwerfung Ludwigs nach Achen zurückkehren lasse. Judith legte ihren Reinigungseid gleich nach ihrer ersten Rückkehr zum Kaiser im Jahre 830 auf dem Reichstage zu Nimwegen ab[50]). Ferner kam der Kaiser nach der Unterwerfung Ludwigs im Jahre 839 bis Ostern 840 nicht nach Achen[51]).

Endlich findet Meyer von Knonau noch zwei Irrtümer am Ende des achten Capitels; den einen darin, dass das Lebensalter Ludwigs auf 64 Jahre angegeben wird, während derselbe doch nur 62 Jahre alt geworden ist[52]), den andern darin, dass die aquitanischen Regirungsjahre Ludwigs falsch berechnet werden[53]). In beiden Stellen kann jedoch das Falsche erst durch die Nachlässigkeit eines Abschreibers entstanden sein. Bei dem ungünstigen Stande der handschriftlichen Ueberlieferung lässt sich darüber nichts Genaues feststellen. Wir sind aber nicht berechtigt, Nithard zum Urheber dieser Fehler zu machen.

Mehr als diese von Meyer von Knonau dem Nithard teils angedichtete teils wirklich nachgewiesene Irrtümer lassen sich in dem ersten Buche nicht finden. Denn dass Nithard den Kaiser seine Söhne vor der Reichsteilung verheiraten lässt, und dass er den Tod Pippins erst nach dem Reichstage von Worms im Juni 839 erwähnt, können wir ihm nicht als chronologische Irrtümer

---

[49]) Thegan c. 21. Nachdem Thegan cap. 23 von dem Aufstande und Tode Bernhards erzählt, schreibt er 24: „eodem tempore jussit fratres suos tonsurare. Drugonem, Hug et Theodericum". Cf. chron. Moissac. a. a. 817. Dieses erzählt auch zuerst von dem Aufstande und Tode Bernhards und fährt dann fort: „Ludovicus fratres ex concubinis natos Drogonem, Theodericum, Hugonem —".

[50]) Astron. c. 40 — Thegan c. 37. — Ann. Bert. 830 und 831. — Ann. Mett. 830. — Dümmler p. 63 Anm. 68. — Funck p. 113 u. 263. — Paetz p. 23.

[51]) Siehe das ausführliche Itinerar Ludwigs für die Jahre 838—840 bei Meyer Exc. III. p. 152.

[52]) Astronomus v. Hlud. c. 3. Leibniz ann. imperii occid. p. 107. setzen die Geburt Ludwigs in 778. Funck p. 7.

[53]) Funck p. 181 u. 273. Bouquet VI. p. 72.

anrechnen. Aus der Kürze seiner Darstellung müssen wir dies erklären, denn es ist nicht anzunehmen, dass er die Zeit, in welcher jene Ereignisse sich zutrugen, nicht gekannt habe[54]). Es kam ihm eben gar nicht darauf an, eine chronologisch genaue Aufzählung der einzelnen Begebenheiten aus der Geschichte Ludwigs des Frommen zu geben; sein Zweck war, durch den Inhalt des ersten Buches die Ursachen des Bruderkrieges klar zu legen.

So haben wir denn gesehen, dass sich zwar einige Irrtümer oder vielmehr Ungenauigkeiten im ersten Buche Nithards nachweisen lassen, dass diese aber keines Wegs von Einfluss auf unsere Beurteilung der Glaubwürdigkeit des Verfassers sein können. Die wenigen tatsächlich nachweisbaren Ungenauigkeiten Nithards verbreiten durchaus kein falsches Licht über den wahren Zusammenhang der dargestellten Begebenheiten: sie sind in Bezug auf den eigentlichen Zweck der ganzen Darstellung im ersten Buche von gar keiner Bedeutung.

Hat überhaupt irgend etwas der historischen Treue der Darstellung im ersten Buche Nithards Eintrag getan, so könnte es nur ein gewisses parteiisches Interesse des Verfassers gewesen sein. Auch diese Frage ist schon eingehend erörtert worden: zuerst von Christian Paetz in seiner Dissertation[55]) und dann von Meyer von Knonau[56]). Wir wollen versuchen mit Berücksichtigung jener Arbeiten uns hier ein selbständiges und wo möglich abschliessendes Urteil über die im ersten Buche sich aussprechende Parteilichkeit Nithards zu bilden.

Da berichtet denn Nithard zunächst im zweiten Capitel: „filios suos justo matrimonio junxit, et universum imperium inter eos ita divisit, ut Pippinus quidem Aquitaniam, Lodovicus autem Bajoariam, Lotharius vero post discessum ejus universum imperium haberet; cui et secum imperatoris nomen habere concessit". In diesen Worten sieht Meyer von Knonau eine absichtliche Erniedrigung Lothars. „In cap. 2", schreibt er, „wird die noch auf der Idee der Reichseinheit fussende erste Erbverfügung des Kai-

---

[54]) Die drei Söhne Ludwigs aus erster Ehe verheirateten sich alle erst nach der Bestätigung der Erbfolgeordnung. Lothar im Oct. 821. (Einhard ann. 821. ann. Xant. 821) Pippin im Jahre 822 (ann. Fuld. 822). Ludwig im Jahre 827 (ann. Xant. 827). — Der Tod Pippins erfolgte am 13. December 838. (Prudentius ann. 838) cf. Dümmler. p. 128 u. 58.
[55]) pag. 16—27.
[56]) pag. 7 fg.

sers in einer Weise hingestellt, dass die Teilreiche Pippins und Ludwigs, welche in Wahrheit nicht viel mehr als blosse Apanagen waren, in erster Linie genannt und hervorgehoben werden, während Lothar, der doch über jenen stehen und mit dem Vater regiren sollte, nachsteht und ihm bloss das nomen imperatoris zugeschrieben wird, ein Ausdruck, der seine Stellung durchaus nicht genügend bezeichnet". Mir scheint jedoch gerade dadurch, dass der Anteil Lothars zuletzt genannt wird, eine Hervorhebung desselben bewirkt zu werden. Durch das „vero" und die Correspondenz, in welcher die Worte „universum imperium" im Anfange und am Ende der ganzen Teilungsangabe stehen, fällt der Hauptton auf den letzten Teil derselben. Ausserdem wird durch das „nomen imperatoris" die tatsächliche Stellung Lothars zu Lebzeiten des Vaters vollkommen genügend bezeichnet.

Durch die Teilungsacte war der älteste Sohn Ludwigs aller Dings zum „consors imperii" ernannt worden, ist es aber in Wirklichkeit nur durch die Teilhabe an dem kaiserlichen Namen gewesen. Sein ganzer Anteil an der Regirung des Reiches beschränkte sich darauf, dass in den kaiserlichen Urkunden aus den Jahren 825—830[37]) sein Name hinter dem des Vaters unter der Bezeichnung „imperator" mit aufgeführt wurde. Von einer absichtlichen Erniedrigung Lothars kann also an dieser Stelle durchaus nicht die Rede sein.

In Capitel 3 erzählt Nithard, dass Lothar von Hugo und Mathfried aufgehetzt seiner eidlichen Versprechungen sich zu entziehen suchte. In Bezug hierauf bemerkt Meyer von Knonau: „In ganz einseitig gefärbter Weise erscheinen Hugo und Mathfried bei ihm (d. i. Nithard), nur als böswillige Intriguanten und Friedensstörer, weil von ihnen beiden als von Aufhetzern Lothars, von Feinden des alten Kaisers gesprochen wird, ohne dass dabei der Gründe Erwähnung geschieht, welche vorher diese früheren Freunde und Ratgeber des Kaisers in das feindliche Lager getrieben hatten".

Wenn wir von Nithard eine genaue und ausführliche Darstellung aller einzelnen Begebenheiten, so sich zu Ludwigs des Frommen Zeit zutrugen, verlangen könnten, dann hätte der Vorwurf Meyer von Knonaus seine Berechtigung. Allein das erste Buch Nithards soll nur eine summarische Uebersicht der verschie-

---

[37]) Sickel regesta Carol.

denen Entwickelungsphasen geben, welche die Erbfolgefrage bis zum Jahre 840 während der Regirung des Kaisers Ludwig durchgemacht hatte. Dabei kommen aber die Gründe, welche Hugo und Mathfried zu Gegnern des Kaisers und zu Aufhetzern Lothars machten, durchaus nicht in Betracht. Nithard hatte daher nicht nötig dieselben anzugeben. Ausserdem konnte er wol bei seinen Zeitgenossen, für die er doch zunächst schrieb, eine solche Kenntnis der unlängst vergangenen Ereignisse voraussetzen, dass eine kurze Andeutung genügte, um ihnen den Zusammenhang dieser Ereignisse wider ins Gedächtnis zu rufen[38]).

In der Darstellung der Ereignisse von Compiègne im Frühjahr 830, scheint Nithard, meint Meyer von Kronau, seiner ungerechten Abneigung gegen Lothar freien Zügel schiessen zu lassen. Paetz (pag. 20) versucht unsern Geschichtschreiber gegen den Vorwurf einer absichtlichen Entstellung der Tatsachen zu verte´digen. Er sagt: „In describendis iis rebus quae ad conjurationem compendii anno 830 exortam pertinent, auctor mendacii speciem sibi contraxit. Tradit enim: Quam ob rem pariter cum omni populo patri ad compendium superveniunt reginam velaverunt, fratres ejus Conradum et Rudolfum totonderunt atque in Aquitaniam servandos Pippino commiserunt". Cum modo antea de Lothario dixerit, cum „tam fratres quam et universam plebem veluti ad restaurandam rei publicae statum animavisse", illis citatis verbis pergit ac si Lotharius Compendii tempore conjurarationis exortae praesens ac omnium rerum ibi commissarum particeps fuisset. Manifestum vero est, Lotharium conjuratione patefacta ex Italia Compendium contendisse. Agitur, ut hoc loco Nostrum, cum quae narrat, a rebus ipsis abhorreant, a crimine fraudis defendamus. Primum vero in auctore dijudicando rationem suam scribendi respicere necesse est. Nam, ut jam dixi, primo libro res Ludovici imperatoris perquam breviter et strictim scribens, summam rerum complectitur itaque hoc loco mendax esse videtur. At si consideramus, Lotharium paucos dies post exortam conjurationem Compendium venisse, quae a Pippino et factione ejus facta essent comprobasse, Heribertum Bernhardi fratrem oculis privasse, patrem ac Carolum fratrem sub „libera custodia" servasse, non possumus quin Nithardum optimo suo jure, tertia pluralis persona adhibita, Lotharium participem vel

---

[38]) Siehe Paetz a. a. O. p. 17.

potius auctorem criminum fecisse dicamus. Scimus enim Pippinum a Nithardo silentio practermissum quamquam ab omnibus scriptoribus auctor conjurationis dicitur, tamen a Lothario deceptum ad turpissimum ministerium ei operam suam commendavisse ut crimen facinoris non in Lotharium sed in Pippinum caderet, Lotharius vero innocentissimi hominis speciem praeberet". Paetz meint also, Nithard mache mit vollem Rechte den Lothar zum Urheber und Träger der Vorgänge von Compiègne; denn es sei nur eine Schlauheit Lothars gewesen, Pippin zum Ausführer seiner Pläne zu machen. Nach den Angaben der andern Quellen[59]) war Lothar am Tage des Aufstandes in Compiègne nicht anwesend, Pippin aber hatte diesen Aufstand, wie die annales Bertiniani ausdrücklich angeben, „consensu Lotharii" unternommen, und als Lothar wenige Tage später in Compiègne eintraf, zeigte er durch sein Auftreten, dass er die Seele der ganzen Erhebung gewesen war. Nithard ist also in keiner Weise ungerecht gegen Lothar; seine Darstellung gibt uns vielmehr trotz ihrer Kürze einen besseren und klareren Einblick in die wahren Ursachen der ersten Erhebung gegen den Kaiser Ludwig als alle die andern Quellen zusammengenommen.

Die Uebertragung Alamaniens an Karl war der eigentliche Grund des Aufstandes von Compiègne, die Unzufriedenheit mit Bernhards von Septimanien Schalten und Walten am Hofe und im Reiche nur ein zur rechten Zeit sich darbietender, erwünschter Vorwand.

Lothar und seine Partei wollten durchaus keine Abweichungen von den Bestimmungen der Teilungsacte, welche im Jahre 817 zuerst aufgestellt und 821 von neuem bestätigt worden war, dulden; sie griffen daher zu den Waffen, als die Uebertragung Alamanniens an Karl die Durchführung ihrer Pläne in Frage stellte, ja sogar unmöglich zu machen drohte. Einen rechtlichen Grund zur Auflehnung gegen den Vater hatte aber am allerwenigsten Lothar, da er ja eidlich sich verpflichtet hatte, jedwede Gebietsübertragung an Karl gut zu heissen und für die Gültigkeit und das zu Recht Bestehen derselben sogar mit den Waffen einzutreten[60]).

Eine weitere absichtliche Erniedrigung Lothars sieht Meyer von Knonau darin, dass Nithard ausdrücklich hervorhebt im drit-

---

[59]) Astronomi v. Hlud. c. 44. — Theganus cap. 36. — ann. Bert. a. a. 830.
[60]) Siehe Dümmler p. 57 fg. — Funck p. 102 fg.

ten Capitel, Lothar habe auf dem Reichstage zu Achen im Februar 831 seine eigenen Anhänger zum Tode verurteilt. Mit Recht hatte aber schon Paetz bemerkt[61]), dass man unserem Geschichtsschreiber durchaus keinen Vorwurf daraus machen könne, wenn er durch Hervorhebung charakteristischer Merkmale unsere Erkenntnis der Gesinnung und der Handlungsweise Lothars fördere. Gerade dadurch, dass Lothar seine eigenen Anhänger verurteilen half[62]), zeigte er deutlich, wes Geistes Kind er war, und was Alles man von ihm erwarten konnte. Er war einmal keine offene, ehrliche Natur, sondern er suchte Alles mehr durch Hinterlist als durch ein freies Handeln zu erreichen; nur seinen Vorteil im Auge habend, waren ihm die Mittel, durch welche er denselben erreichte, ganz gleichgültig, selbst seine bessten Freunde und Anhänger opferte er dafür auf. Nithard erniedrigt also durch das, was er von Lothar erzählt, denselben nicht mehr, als dieser durch sein eigenes Auftreten sich selbst erniedrigt hat[63]).

Die Worte, welche Nithard am Ende des dritten Capitels geschrieben hat: „Pippinus quoque et Ludowicus, quamquam eis regna sicut promissum fuerat, aucta fuissent, tamen in imperio, ut post patrem primi essent, uterque laborabat"; sind mehrfach angegriffen und verdächtigt worden. Die Einwendungen, welche Funck dagegen gemacht hat, sind von Paetz genügend zurückgewiesen worden[64]). Meyer von Knonau meint, Nithard erlaube sich in den Worten: „quamquam eis regna sicut promissum fuerat, aucta fuissent", eine geschickte, fein angebrachte Unklarheit und

---

[61]) A. a. O. p. 20.
[62]) Siehe Astronom. c. 45. — Ann. Bert. a. a. 830.
[63]) Siehe hiezu Dümmler Gesch. d. ostfr. Reiches p. 63. - Funck. Ludw. d. Fr. p. 115.
[64]) Funck Ludw. d Fr. Anm. 1. zu Absch. XX. p. 262. „Nithard behauptet, Ludwig und Pippin hätten die versprochene Vermehrung ihrer Reichsteile wirklich erhalten. Er sagt aber nicht, worin dieselbe bestanden hätte . . . Nithards weitere Angabe, dass Ludwig und Pippin sich um die erste Stelle nächst ihrem Vater gezerrt hätten, passt auf die Zeit zwischen 831 und 838, nicht aber aufs Jahr 831, in welchem sich Pippin nur während der kurzen Zeit der Februarversammlung in Achen aufhielt." Paetz a. a. O. p. 21. „Mira Funckii conclusio esse videtur, de Nithardi relatione dubitandum esse, quod non dixerit, quibus partibus prolatio finium constitisset. Deinde vero tabulae exstant de quarum tempore magna quidem inter doctos viros controversia fuit. Ratione autem et temporum et rerum habita Pertzium sequimur qui eas anno 830 tribuit quia cum temporis conditionibus optime congruunt". p. 22 „Quod Funckius de studio Pippini ad principatum apud patrem obtinendum collato annotat, levius dictum esse puto. Omnione erat necesse, ut Pippinus ad rem impetrandam in aula regia praesens esset? nonne per viros suae factionis qui multum apud patrem valerent rem consequi potuit?"

Kürze; „denn," fügt er als Beweis hinzu, „diese Vergrösserung geschah bloss in dem Diplom nicht in der Wirklichkeit". Dagegen ist nur zu bemerken, dass die Teilung von 831, wenn sie ihre volle Gültigkeit auch erst nach dem Tode des Kaisers erlangen sollte, dennoch die Pippin und Ludwig gegebenen Versprechungen wirklich erfüllte, dieselben also vor der Hand zufrieden gestellt sein konnten [65]).

Dass Nithard die Erhebung Ludwigs von Bayern, welche im Jahre 832 stattfand, nicht erwähnt, rechtfertigt Paetz [66]) auf dieselbe Weise, wie wir schon mehrfach derartige Auslassungen entschuldigt haben, nämlich durch einen Hinweis auf den Zweck, welchen die Darstellung des ersten Buches verfolgt. Wir haben kein Recht in diesem Buche Angaben zu suchen, welche dem Zwecke desselben ganz und gar fern liegen. Der Aufstand Ludwigs von Bayern im Jahre 832 ist eben keine der Ursachen des Bruderkrieges und seine Erwähnung trägt absolut nichts zum Verständnis dieses Krieges bei [67]).

Der Darstellung, welche Nithard von der zweiten Erhebung gegen den Kaiser Ludwig und von ihren Folgen gibt, lässt sich durchaus keine parteiische Färbung nachweisen [68]). Meyer von Knonau versucht zwar auch hier darzutun, dass Nithard einige Ungerechtigkeiten gegen Lothar und den Papst sich zu Schulden kommen lasse, erreicht aber seinen Zweck nicht, da das Gezwungene und Gesuchte seiner Beweisführung sofort in die Augen fällt. Ausserdem vermisst er die Angabe der Gründe, welche den Kaiser bewogen, dem Pippin Aquitanien zu nehmen. Wie

---

[65]) Siehe in Betreff der Teilung von 831 Meyer p. 4 und Dümmler p. 63 fg.

[66]) A. a. O. p. 21. „Funckius porro Nostro exprobrat quod nihil de Ludovici (anno 832) in patrem facta siditione memoriae prodiderit. Qua in re omnino non respexit, quod auctor praefatione libri I. exponit: „Praeterire autem ea, quae temporibus pii patris vestri gesta sunt disposueram: sed facilius cuilibet legenti altercationum vestrarum veritas patebit, si quaedam quae suo in tempore contigisse novimus summotenus praelibavero". Id enim tantum agit, ut hoc libro collatis rebus gravissimis iisque quae, quam injuste Lotharius sese gesserit, optime patefacerent, lectorem ad posteriores res recte intelligendas quasi introduceret."

[67]) Siehe über die Empörung von 832. Dümmler p. 69 und Funck p. 117.

[68]) Siehe Dümmler p. 71 fg. — Funck p. 122 fg. — Paetz p. 22 „Alteram conjurationem anno 823 exortam de qua cap. IV et V agitur paucis perstringam. Auctoris judicium ab omni partium studio et ira vacuum esse optime eo intelligitur, quod numquam convicia in Lotharium congerit, sed cum a malis ejus factionis consiliariis de recta via abductum depingit; omnia quae Compendii et in monasterio St. Medardi Suessionis auctore Lothario praesente nefarie in patrem commissa silentio tegit."

wir ihm hierauf zu antworten haben, ergibt sich aus dem schon
Gesagten zur Genüge. Die Angabe dieser Gründe war in Rücksicht auf die Bestimmung des ersten Buches nicht nötig.
Gerade in der Darstellung der Erhebung von 833 und den
darauf folgenden Begebenheiten zeigt Nithard auf das Deutlichste, dass es ihm durchaus nicht darum zu tun ist, Lothar in
ein schlechtes Licht zu stellen. Wenn er dies wollte, so boten
ihm die Ereignisse von Compiègne und die Art und Weise, wie
Lothar gegen seinen Vater hier und dann auch später, besonders
im Medardskloster[69]) bei Soissons auftrat, Stoff die Fülle. Allein
er berichtet mit der grössten Ruhe, und die schlechte Behandlung,
welche der fromme Kaiser im Medardskloster auf Anstiften und
vor den Augen seines Sohnes erfuhr, verschweigt er sogar ganz.

In den letzten Capiteln des ersten Buches stimmen die Angaben Nithards mit denen der anderen Quellen durchaus überein: geben aber ausserdem noch manches Neue für eine genauere
Kenntniss der Geschichte der letzten Regirungsjahre Ludwigs:
die Darstellung ist dabei frei von jedweder Parteilichkeit[70])
Meyer von Knonau findet jedoch auch hier wieder Gelegenheit
unserem Autor eine Unterlassungssünde vorzuwerfen. „In cap.
6", schreibt er, „wird kein Wort von der widerrechtlichen Behandlung gesagt, welche Ludwig von Bayern im Juni 838 zu
Nimwegen erfuhr, so dass sein Aufstand im Winter 838 auf 839
bei Nithard als ein Abfall und Verrat, nicht als das, was der
Sache wirklich zu Grunde lag, als Notwehr aufgefasst ist",
Wie über solche Unterlassungen Nithards geurteilt werden muss,
ist schon oft genung erwähnt worden: es ist daher überflüssig,
eine neue Rechtfertigung der vorliegenden zu geben.

Ausser dieser Unterlassung zeiht Meyer von Knonau den
Nithard auch einer falschen Beurteilung Ludwigs und Lothars.
Er findet eine solche nämlich darin, dass Nithard sagt im sechsten
Capitel, Lothar und Ludwig hätten das Gespräch von Trient im
März 838 deshalb ohne tatsächliche Folgen gelassen, weil sie
sahen, dass keine Ursache vorliege, „entrüstet zu sein, zu zürnen,
sich für beleidigt und geschädigt zu halten?" Meyer von Knonau
legt jedoch in die Worte Nithards: „cum nihil ex his indignari
se posse viderent", einen Sinn, der denselben gar nicht zu-

---

[69]) Astronomi c. 49. Thegan c. 43, 44. Cleric. Remens. apud Bouquet
VI. 243 59. 251.
[70]) Dümmler Gesch. d. ostfr. R. p. 96 fg. — Funck p. 114 fg.

kommt. Diese Worte sollen weiter nichts ausdrücken, als dass Lothar und Ludwig durch ihre Unterredung zu der Erkenntnis kamen, es fehle ihnen an einem rechtlichen Grunde die im October 837 auf dem Reichstage zu Achen erfolgte Gebietsübertragung an Karl anzufechten. Ludwig hatte ja persönlich derselben beigestimmt, und Lothar hatte eidlich versichert, er werde nichts als Italien beanspruchen. Im Grunde genommen hatten daher beide auch keine Veranlassung, „erzürnt zu zein, zu zürnen, sich für beleidigt und geschädigt zu halten". Nithard hat sich aller Dings einmal etwas ungeschickt („incultius" praef.) ausgedrückt, aber den Vorwurf Meyer von Knonaus können wir ihm nicht machen. Der Astronom (cap. 59) drückt sich zwar treffender aus: „nil se contraire posse videntes", sagt aber damit nichts anderes, als Nithard[71]), so dass also auch hier Meyer von Knonau nicht richtig übersetzt: „die Einsicht der factischen Unmöglichkeit eines glücklichen Widerstandes".

Der Darstellung im ersten Buche Nithards lässt sich somit durchaus keine Parteifärbung irgend welcher Art nachweisen; dieselbe ist vielmehr so objectiv als möglich gehalten und muss als dem wirklichen Gange der Tatsachen entsprechend angesehen werden. Dabei gibt uns dieser verhältnismässig kurze Abriss einen klaren Einblick in die bewegenden Gedanken der Zeit Ludwigs des Frommen und einen besseren, deutlicheren Begriff von dem inneren Zusammenhange der Ereignisse dieser Zeit als alle die anderen Quellen zusammengenommen trotz ihrer teilweisen Ausführlichkeit und Breite im Einzelnen[72]).

Der Grund zu allen den Wirren und Verwicklungen, welche die Regirung Ludwigs des Frommen zu einer so unheilvollen für den Kaiser selbst und sein ganzes Reich und Volk machten, lag in der 817 aufgestellten und 821 noch ein Mal in feierlicher Weise bestätigten Erbfolgeordnung und in der darauf im Jahre 823 erfolgten Geburt Karls. Wollte man die Erbfolgeordnung unverändert aufrecht erhalten, so konnte Karl keinen Anteil haben an dem Reiche seines Vaters; denn Alles, was zu diesem

---

[71]) Dümmler p. 122. — Funck p. 167.
[72]) Meyer pag. 2 sagt dasselbe: „Unleugbar gibt dieser verhältnismässig kurze Abriss einen besseren Begriff vom inneren Zusammenhange der Ereignisse zu Ludwigs des Frommen Zeit, als dessen zwei Biographien, die des ungelenk stammelnden, jedes tieferen Eindringens baren Thegan sowol, als das Werk des weitschweifigen in rhetorischen Künsten und einer abgeblassten Classicität sich gefallenden Astronomus".

Reiche gehörte, war ja durch jene Erbfolgeordnung unter die drei Söhne aus erster Ehe verteilt worden. Wollte man dagegen auch den Sohn aus des Kaisers zweiter Ehe zum Erben eines Teiles vom Reiche machen, und dies war nicht mehr wie billig, so musste jene Erbfolgeordnung aufgehoben oder mindestens verändert werden. Jedes dieser beiden Principien fand seine Partei. Für die Aufrechterhaltung der Erbfolgeordnung von 817—821, d. i. für die Aufrechterhaltung der Einheit des Reiches unter seiner Herrschaft, war Lothar, dem sich der grössere Teil der Geistlichkeit und mehrere weltliche Herren anschlossen; für die Rechte des nachgebornen Karl trat eine Partei ein, welche den Kaiser und dessen zweite Gemalin Judith an ihrer Spitze hatte und deren Principien im Grunde genommen auch mit den Ansichten der jüngeren Söhne aus Ludwigs erster Ehe im Einklange standen[73]).

Dass jede der beiden Parteien ihre Pläne unbedingt durchführen wollte und eine Einigung zwischen beiden nicht erzielt werden konnte, darin lag der wahre Grund zu allen den inneren Kämpfen, welche die Geschichte Ludwigs des Frommen erfüllen und die Regirung dieses Kaisers zu einer so unruhigen und bewegten Zeit machten; der Krieg, welchen Lothar nach dem Tode des Vaters gegen seine Brüder, Karl und Ludwig, führte, war nur die Fortsetzung, gleichsam der letzte Act jenes schon zu Ludwigs des Frommen Zeiten begonnenen Erbfolgestreites.

Demnach gibt uns das erste Buch Nithards, indem es die Ursachen und die Entwickelung des Erbfolgestreites bis zum Tode Kaiser Ludwigs in kurzen, aber scharfen Zügen der Wahrheit gemäss darstellt, einen klaren Einblick in die eigentlichen Ursachen und Anfänge des Bruderkrieges der Jahre 840 — 843. Nithard hat durch den Inhalt seines ersten Buches den Zweck erreicht, welchen er in der Vorrede desselben bezeichnet; er hat jedem Leser die Möglichkeit geboten, ein richtiges Urteil über die Berechtigung des Angriffs Lothars auf seine Brüder zu fällen. Laut den Bestimmungen des Reichstages von Worms im Juni 839 war Lothar zu diesem Angriffe durchaus nicht berechtigt. Kurze Zeit nach der Geburt Karls hatte sich Lothar schon damit einverstanden erklärt, dass seinem Halbbruder ein Teil des Reiches übertragen würde, und damit selbst die Hand zu einer

---

[73]) Siehe hiezu Waitz deutsche Verfassungsgesch. Bd. 4 p. 565 fg.

Verletzung der Erbfolgeordnung von 817/21 geboten. Im Juni 839 aber willigte er zu Worms vor öffentlicher Reichsversammlung in eine neue Teilung des Reiches ein und verzichtete damit auf die Durchführung der Bestimmungen, welche in der Teilungsacte vom Jahre 817/21 aufgestellt worden waren.

Aber nicht allein des klaren Einblicks wegen, welchen das erste Buch Nithards in die eigentlichen Anfänge und die allmälige Entwickelung des Erbfolgestreites gestattet, ist dasselbe von grossem historischem Werte für uns, es bietet auch manche Nachrichten, die wir in den andern ausführlicheren Quellen vergeblich suchen und die mehr oder weniger wichtig sind für eine genaue Kenntnis der Geschichte Ludwigs des Frommen. Eine genaue und vollständige Aufzählung aller dieser Nachrichten gibt Meyer von Knonau[74]), wir sehen deshalb hier von einer Wiederholung derselben ab.

Im zweiten Buche geht Nithard an die Lösung seiner eigentlichen Aufgabe. Er beginnt mit diesem Buche die Darstellung des Kampfes, welchen König Karl mit seinem Bruder Lothar um das Erbe des Vaters führte. Wir wollen versuchen uns auch über diesen Teil des Werkes ein Urteil zu bilden.

Liber II.

Cap. I. Nithard stellt das Auftreten Lothars als vollständig ungerechtfertigt dar. Er tat Recht daran. Nach den Bestimmungen des Reichstages zu Worms im Juni 839 hatte Lothar gar keine Ansprüche mehr auf die Herrschaft des ganzen Reiches, wenn ihm auch nach Rudolfs Annalen von Fulda der kaiserliche Name noch geblieben war[75]). Er hatte sich feierlichst mit der zu Worms festgesetzten Teilung des Reiches einverstanden erklärt und sich eidlich zur Aufrechterhaltung derselben und zum Schutze seines Bruders Karl verpflichtet. Der Kaiser hatte ihm aller Dings noch von seinem Sterbebette aus seine Krone und sein Schwert übersandt, aber nicht, wie das Gerücht sagte, als Zeichen der ihm übertragenen kaiserlichen Würde und Herrschaft, sondern damit er ihn um so mehr zum Schutze Judiths und Karls verpflichtete[76]).

---

[74]) A. a. O. p. 3.
[75]) Rudolfi annal. Fuld. a. a. 839, nominis et dignitatem et sedem regni tribuens (sc. Hludovicus Hlothario).
[76]) Rudolf ann. Fuld. a. a. 840. — Astronomus c. 63.

Ebenso wie Nithard fassen auch die andern Quellen das Auftreten Lothars als Usurpation auf. Vergleiche ann. Xant. a. a. 840. — Chron. Adonis (Mon. Germ. SS. II. 321.) — Chron. Reginoni a. a. 840. (SS. I. p. 568). — Ratherti cas. S. Gall. (SS. II. 67). — Hincmar op. II. p. 180[77]).

Cap. II. Die hier erwähnte Gesandtschaft Karls an Lothar findet sich in keiner der andern Quellen angeführt. Als eine, besonders chronologische, Ergänzung zu den Angaben Nithards über den Zug Karls von Aquitanien nach Carisiacum kann der Brief des Abtes Odo von Ferrières an den Bischof Jonas von Orleans betrachtet werden. Dieser Brief findet sich in Luppi abbatis Ferrariensis epist. XXVIII. bei Du Chesne II. p. 743[78]).

Cap. III. Gegen den Inhalt dieses Capitels lässt sich durchaus nichts einwenden. In den Worten: „matrem ubi tuto relinqueret non habebat" schlägt Schwartz (d. Bruderkr. etc. p. 19 Anm. 4) vor, das „non"[79]) zu streichen. Mit Meyer von Knonau[80]) können auch wir diesem Vorschlage vollkommen beistimmen. Karl hatte Pippin zurückgeschlagen und Aquitanien vorläufig beruhigt; seine Mutter hatte daher in Aquitanien einen ebenso sicheren Aufenthalt, als irgend wo anders. Glaubte Karl, dass Judith in Aquitanien nicht sicher war, so konnte er sie nur in seinem Heere mit sich nehmen. Dem widerspricht jedoch die Angabe Nithards im Capitel 6, dass Karl seine Mutter aus Aquitanien zu sich berief.

Cap. IV. Der Inhalt dieses Capitels könnte den Eindruck machen, als stelle Nithard die Handlungsweise Lothars in einem zu dunkelen Lichte dar, indem er dieselbe als eine ganz ungerechtfertigte und unwürdige schildert. Allein vergleichen wir hiermit Prudentius a. a. 840: „Secundum suam dumtaxat insolentiam patrato negotio, quibusdam conditionibus usque ad tempus ab utroque discessit; hoc tam contra eos seu clam seu manifeste pravitatem suae cupiditatis atque crudelitatis destitit machinari," so erscheint Lothar auch bei diesem in keinem besseren Lichte als bei Nithard. Lothar zeigt sich hier durchaus

---

[77]) Siehe ausserdem Schwartz: d. Bruderkr. d. S. Ludwigs d. Fr. p. 13. — Dümmler Gesch. d. ostfr. Reiches p. 136 fg. — Scholle de Lotharii I. imp. e. fratribus de mon. f. cert. p. 23 fg. — Paetz p. 28. — Meyer p. 49, 55, 71.
[78]) Siehe ausserdem Meyer a. a. O. — Paetz a. a. O. — Scholle a. a. O. p. 26. — Schwartz a. a. O. p. 16.
[79]) Oder in „nunc" zu verwandeln.
[80]) a. a. O. n. 88.

nicht anders, als es nach dem, was wir bereits von ihm wissen, zu erwarten war. Er war eben kein Mann, der gewohnt war, offen zu Werke zu gehen; er wollte Alles mehr durch List und Betrug durchsetzen, als seinem Gegner offen die Stirn bieten. Es liegt deshalb gar kein Grund vor, Nithard für parteiisch zu zu halten und die Richtigkeit der Angaben desselben zu bezweifeln [81]).

Cap. V. Gegen die Nachrichten dieses Capitels ist nichts einzuwenden. Man vergleiche: M. v. Knonau p. 21. fg. Schwarz p. 25 — Scholle p. 29 fg. — Dümmler p. 144.

Cap. VI. Von dem Uebergange Karls über die Seine berichtet auch Prudentius a. a. 841. „Carolum quoque a Sequanae transitu Lotharii multiplex populus nititur inhibere; qui tamen virili prudentia prudentique virtute transposito flumine omnes in fugam bis terque coegit." Sonst ist in den Angaben Nithards nichts dessen Richtigkeit in Frage gestellt werden könnte [82]).

Cap. VII. Der Inhalt dieses Capitels steht mit den Angaben der andern Quellen vollkommen im Einklange [83]), und von anderer Seite ist auch nichts dagegen einzuwenden [84]).

Cap. VIII. Ueber die Richtigkeit der Angaben dieses Capitels kann durch eine Vergleichung mit den Nachrichten anderer Quellen nichts ausgemacht werden; dieselbe ist jedoch ohne Bedenken anzunehmen [85]).

Cap. IX. Zu Attigny, so berichtet Nithard, trafen Gesandte Ludwigs bei Karl ein, welche ihm anzeigten, dass ihr König bereit sei, seinem Halbbruder zu Hilfe zu eilen, sobald er wisse, auf welche Weise dies geschehen könne. Mit dieser Nachricht Nithards scheint die Angabe Rudolfs (ann. Fuld. a. a. 841.): „Hludowico per nuntios Karoli ad auxilium vocato", im Widerspruche zu stehen. Meyer von Knonau hat in der annehmbar-

---

[81]) Vergleiche Meyer p. 21. 56. — Schwartz p. 19 fg. — Scholle p. 28 fg. Dümmler p. 144.
[82]) Vergleiche Meyer p. 26. 27. — Dümmler p. 145 146. — Schwartz p. 27. — Scholle p. 32. — Rudolf ann. Fuld. a. a. 840. In Bezug auf diese Stelle vergleiche noch besonders Meyer a. a. O.
[83]) Prudentius ann. Bert. a. a. 841. — Rudolfi ann. Fuld. a. a. 841. — Ann. Xant.
[84]) Funck p. 195. — Schwartz p. 23 fg. — Scholle p. 31. — Dümmler p. 144. — Meyer p. 58. 59. 72.
[85]) Vergleiche Funck p. 197. — Schwartz p. 28. 29. — Scholle p. 33. — Dümmler p. 141. — Meyer p. 24. 25. 26.

sten Weise dargetan, dass dieser Widerspruch nur ein scheinbarer ist und beide Angaben sich sehr gut vereinigen lassen. Er schreibt (p. 26): „Nithards Bericht verdient jedenfalls den Vorzug. Karl wusste zu Troyes (II. c. 8. Lodharius in fratrem hostiliter currit, necnon et suffragium a paganis illum quaerere compulit) im April von der Niederlage Ludwigs, von dessen Flucht zu den Slaven. Es konnte ihm unmöglich einfallen, damals bei dem Bruder Hilfe zu suchen, der vielmehr selbst einer solchen in einem hohen Grade bedurft hätte. Bald aber wuchs Ludwigs Glück wieder. Er erholte sich von seinem Missgeschick. Mit seinem klaren Blicke sah er, wie sehr sein Geschick mit dem Karls verknüpft sei, und deshalb schickte er von freien Stücken Gesandte an den Stiefbruder mit dem Anerbieten von Hilfe. Wie dasselbe in Attigny aufgenommen wurde, wissen wir. Auf dem Wege nach dem Rheine warf Ludwig den Grafen Adalbert nieder und setzte dann seinen Weg nach Neustrien fort. Als er nun so am Rheine erschien, war er in Wirklichkeit, wie Rudolf sagt, „durch Karl Boten zu Hilfe gerufen"; denn die Antwort Karls aus Attigny hatte er jetzt jedenfalls empfangen. Jene erste Botschaft Ludwigs kennt freilich blos der Augenzeuge Nithard, nicht aber der Mönch in Fulda, der von seinem Kloster aus blos Ludwigs Aufbruch nach dem Westen sieht und nur von der letzten Botschaft weiss. Nithard ist also der besser Unterrichtete" [85]).

Von der Vereinigung Karls und Ludwigs und den Gesandschaften, welche dieselben gegenseitig sich zuschickten, berichtet auch Prudentius a. a. 841 [86]).

Die Schlacht auf dem Ries erwähnen ausserdem Rudolf ann. Fuld. a. a. 841. — Radberti cas. St. Gall. 7. (Mon. Germ. Ss. II. 67.)

Cap. X. Dass Lothar die Friedensanerbietungen seiner Brüder zurückgewiesen habe, bestätigen Rudolf (ann. Fuld. a. a. 841) und Prudentius (a. a. 841.) — In Betreff der Zeit und des Ausganges der Schlacht bei Fontenay stimmen die anderen Quellen

---

[85]) Der Angabe Nithards folgen: Funck p. 199. — Schwartz p. 30 u. 5. — Dümmler p. 146 u. 147 n. 43. — Der Angabe Rudolfs folgt Staelin württemb. Gesch. I. p. 256. — Einen mittleren Weg schlägt Scholle ein p. 33 u. 31, der aber etwas unklar ist.

[86]) Funck p. 198 fg. — Schwarz p. 30 fg. — Scholle p. 34. — Dümmler p. 147 fg. — Meyer p. 26. 72 fg.

mit den Angaben unseres Geschichtsschreibers überein⁸⁷). Prudentius a. a. 841 — Rudolf a. a. 841. — Ann. Xant. a. a. 841. Regino chron. a. a. 841. (Ss. I. 568.) — chron. Aquitan. 841. (Ss. II. 252.) — Agnellus vita Gregorii XLVII bei Muratori. Ss. rer. Ital. II. p. 185. — Angilb. carmen.

Liber. III.

Cap. I. Prudentius stimmt in seinem Berichte über die Taten Karls und Ludwigs am Tage nach der Schlacht bei Fontenay mit Nithard überein. Wir lesen bei ihm: „Palantium autem caedes passim agitabatur, donec Karolus et Hludowicus pietate ferventes ab eorum interfectione cessandum decreverunt; quin etiam longius a castris obtentu fugientes persequi desierunt, episcopis mandatum, ut die crastino, qua ejusdem rei gratia in eodem loco stativa habuerunt, mortuorum cadavera prout temporis apportunitas sineret sepulturae mandarent." Rudolf schreibt (ann. Fuld. a. a. 841): „Hludowicus et Karolus castris potiti collatis ac sepultis eorum cadaveribus qui ex sua parte occiderunt." Rudolph steht also im Widerspruche mit Nithard, welcher schreibt: „in quo missa peracta, amicos et inimicos, fideles et infidelis, pariter sepulturae tradebant." Schon M. v. Knonau (p. 31) und Paetz (p. 31) haben mit Recht darauf hingewiesen, dass der Mönch von Fulda nicht so gut über die Schlacht und, was sich daran anschloss, unterrichtet sein konnte wie Nithard. Zudem hatten Karl und Ludwig allen Grund keinen Unterschied zu machen zwischen ihren Todten und denen von Seiten Lothars. Wie aus ihrem ganzen Auftreten hervorgeht, war es ihnen sehr darum zu tun, ihre Sache in ein möglichst günstiges Licht zu stellen. Das erreichten sie aber am besten durch Taten, wie sie ihnen Nithard zuschreibt⁸⁸).

Cap. II. Von den in diesem Capitel dargestellten Ereignissen berichten andeutend auch Rudolf und Prudentius. Aus Prudentius geht hervor, dass nach der Schlacht von Fontenay Ludwig sowol wie Karl jeder in sein Land zog. „Hludowicus", schreibt er, „partim terroribus partim gratia Saxonum quidem

---

⁸⁷) Vergleiche: Funck p. 200 fg. — Schwartz p. 35 fg. — Scholle p. 34. — Dümmler p. 150 fg. — Meyer p. 27—39. 73. Exc. VI.
⁸⁸) Vergleiche: Funck p. 202. — Schwartz p. 45. — Scholle p. 58. — Dümmler p. 153. — Meyer p, 30. 31.

complures Austrasiorum Toringorum — subjugat suae ditioni. Carolus dispositis, quantum apportunitas rerum sivit, Aquitanicis partibus per Cinomannos, Parisios atque Bellovagos Frauciam permeans Hasbanienses adit sibique plus amore quam timore con. conciliat." Rudolf sagt nur ganz kurz: „Hludowicus vero et Karolus — ab invicem discedunt, et Karolo in occidente remanente, Hludowicus quasi mediante mense Augusto venit ad villam regiam quae vocatur Salz.

Treffend bemerkt Meyer von Knonau, „dass sich nirgends besser als aus den Angaben dieses Capitels, erkennen lasse, wie sich Nithard über die Lage seines Herrn durchaus keine falsche Illusionen machte." „Er befleissigt sich der rücksichtlosesten Wahrheitsliebe, und nichts liegt weiter ihm ab, als etwa eine Uebertreibung der Folgen des Sieges für Karl."

Cap. III. Die Richtigkeit der Angaben dieses Capitels kann nicht in Zweifel gezogen werden[89]); ebensowenig die der Angaben in

Cap. IV.[90]).

Cap. V. Von der Eidesleistung bei Strassburg redet ausserdem Prudentius (ann. a. a. 842.) Sonst ist über den Inhalt dieses Capitels nichts zu bemerken[91]).

Cap. VI. Dieses Capitel hat weiter keinen Wert für die Geschichte des Bruderkrieges. Meyer von Knonau und Dümmler nehmen Anstoss an der Erwähnung der Britten und Basccn als Truppen Karls, aber wol mit Unrecht.

Cap. VII. Vergleiche zu diesem Capitel Rudolfi ann. Fuld. a. a. 842: „occurritque ei (Ludowico) Karolus apud urbem Argentoratum quae nunc Strassburgus vocatur. Unde pari intentione pergentes Hlotharium in villa Sentiaca morantem et a suis desertum in quibus non parum confidebat fugere compellunt". 18. Kal. Apr. Prudentius a. a, 842: „qui (Lotharius) legatis eorum a sui praesentia atque colloquio prohibitis ad abstinendum fratribus se suosque hostiliter praeparat. Quo in Sentiaco palatio a Mosella flumine octo fere milibus constructo ejusdem transeundi facultatem dispositis custodiis deneganti Ludowicus navali, Caro-

---

[89]) Vergleiche Meyer p. 34 u. 35. — Dümmler p. 162 fg. — Schwartz p. 56 fg. — Scholle p. 43.
[90]) Vergleiche Prudentius a. a, 842.
[91]) Vergleiche bsdrs. Meyer p. 37 fg.

lus equestri apparatu castrum Confluentes perveniunt, ibique Mosellam viriliter transire inchoantibus, omnes Lotharii exubiae velociter, aufugerunt. Lotharius inopinato fratrum adventu territus cessit sublatisque cunctis ab Aquisgrani Palatio tam sanctae Mariae quam regalibus thesauris — per Catalaunis fugiens apud Trecas paschali peracta Lugdunum petiit."

Ann. Xantenses a. a. 842. „et postea aestivo tempore Ludovicus et Carolus predato pago Vangionensium per angustum iter asperum Growerorum Confluentes civitatem petierunt. Ibique hostiliter venit Lotharius contra eos. Sed cum vidisset, quod a suis deceptus esset, fugiens usque Lingonas pervenit, ibique viribus consumptis consedit". Nithards Angaben sind also denen der andern Quellen entsprechend, jedoch viel ausführlicher als jene [92]).

Liber. IV.

Cap. I. Von den in diesem Capitel dargestellten Ereignissen berichten nur noch kurz die Annalen des fuldenser Mönches Rudolf a. a. 842. „Putantes autem (sc. Ludowicus et Karolus) cum (sc. Lotharium), ut fama vulgabat, rebus desperatis Italiam petere, partem regni quam eatenus habuit inter se dispertiunt". Diese kurze Andeutung genügt zur Bestätigung der Angaben Nithards [93]).

Cap. II. Dass jeder der beiden Könige nach vollbrachter Teilung des Reiches in sein Land gieng, bestätigen Prudentius und die Annalen von Xanten.

Mit der Angabe Nithards, dass die Sachsen in drei Klassen geteilt waren, scheint die lex Saxonum und andere Stellen [94]) im Widerspruche zu stehen, nach welchen es vier Ständen bei den Sachsen gab. Meyer von Knonau hat eine sehr gute Erklärung für diesen scheinbaren Widerspruch gefunden. Derselbe weisst ebenfalls nach (p. 60), dass die Angabe Nithards, ein Teil des sächsischen Adels habe sich nach dem Tode Ludwigs des Frommen an Lothar, ein anderer an Ludwig angeschlossen, vollkommen richtig ist.

Dass nach der Schlacht bei Fontenay und besonders als Lothar zum Rückzuge nach Lion genötigt wurde, ein allgemeiner

---

[92]) Meyer p. 41. — Paetz p. 48. — Funck p. 214. — Schwartz p. 73 fg. — Scholle p. 43. — Dümmler p. 172 fg.
[94]) Cf. Dümmler Gesch. d. ostfr. R. p. 159 Anm. 7 und Meyer p. 60 fg.

Abfall unter seinen Anhängern ausbrach bezeugt Prudentius a. a. 842[95]).

Wie die Erhebung der Stellinga durch Lothar veranlasst wurde, bezeugt Prudentius a. a. 841; von der Erhebung selbst erzählen auch die Annalen von Xanten a. a. 841 und Rudolf (ann. Fuld. a. a. 842.[96]).

Dass endlich Lothar auch die Normannen zu seiner Unterstützung herbeirief, bestätigt Prudentius a. a. 841.[37]).

Ueber die Zusammenkunft Ludwigs und Karls in Verden berichtet keine andere Quelle [98]).

Cap. III. Von dem Einfalle der Normannen berichtet Prudentius a. a. 842: „Ea tempestate Normannorum classis in emporio, quod Quantovicus dicitur, repentino sub lucem adventu depraedationibus, captivitate et nece sexus utriusque honimum adeo debacchati sunt, ut nihil in eo praeter aedificia pretio redempta relinquerent".[99]).

Dass Lothar Gesandte mit Friedensvorschlägen an seine Brüder geschickt habe, erwähnen auch Prudentius und Rudolf.

Die Richtigkeit der übrigen Angaben dieses Capitels unterliegt keinen Zweifel [100]).

Cap. IV. Von der Zusammenkunft in Maçon berichten auch Prudentius und Rudolf; Nithard ist jedoch viel ausführlicher als diese.

In Betreff der Orte, nach welchen jeder der Brüder von Maçon aus gieng, stimmen die Annalen des Prudentius und Rudolf und die von Xanten mit Nithards Angaben überein; ebenso in Bezug auf die Unterwerfung der Stellinga durch Ludwig.

Ueber die Taten Karls in Aquitanien und seinen Aufenthalt in Metz finden sich keine Nachrichten in den andern Quellen.

---

[95]) Vergleiche ausserdem Meyer p. 60.
[96]) Vergleiche ausserdem Waitz deutsche Verfassungsgesch. III. p. 173 fg. — IV. p. 185. — Funck p. 206. — Schwartz p. 53 fg. — Scholle p. 39. — Dümmler p. 159 fg. — Meyer p. 61.
[97]) Funck p. 207. — Schwartz p. 55 und 1. — Scholle p. 40. — Meyer p. 62, — Chr. Paetz p. 32. 33.
[98]) Funck p. 215. — Schwartz p. 76. — Scholle p. 50. — Dümmler p. 171. — Meyer p. 42. 43.
[99]) Schwartz p. 75 u. 5. — Sckolle p. 49. — Dümmler p. 189. — Paetz p. 33. 34.
[100]) Vergleiche: Funck p. 216. 217. — Schwartz p. 76 fg. — Scholle p 50 fg. — Dümmler p. 174 fg. — Meyer p. 43. 66.

Dass Ludwig und Karl in Worms zusammentrafen, wird durch die Annalen (Rudolfi, Prudentius, Xantenses) bestätigt[101].

Cap. V. Die Angaben Nithards über die Vorgänge in Coblenz stimmen mit den Nachrichten, welche wir in den Annalen des Prudentius und Rudolf darüber finden, bis auf ihre grössere Ausführlichkeit überein[102].

Cap. VI. Von der Zusammenkunft in Diedenhofen gibt nur noch Prudentius eine Andeutung; ebenso berichtet nur er neben Nithard von dem Einfalle der Mauren ins Beneventanische[103].

Die Nachricht von einer neuen Erhebung der Stellinga ist Nithards ausschliessliches Eigentum[104].

Dass Karl sich zu Ende des Jahres 842 mit der Irmentrud, der Nichte des Adelard, verheiratet habe, bestätigt Prudentius a. a. 842. Ebenderselbe bezeugt auch, dass Karl Weihnachten 842 in St. Quentin verlebt habe[105].

Cap. VII. In diesem Schlusscapitel seines Werkes gedenkt Nithard noch ein Mal Karls des Grossen. Wie er sein Werk mit einem gehobenen Nachruf an Kaiser Karl „guten Angedenkens, den die Welt mit Recht den Grossen nennt" begonnen hatte, schliesst er dasselbe, voll Schmerz über die durch den Zwist der Brüder hervorgerufenen traurigen Zustände seiner Zeit, mit einem feierlichen Hinweis auf die glücklichen Zeiten Karls, „in denen überall Friede und Eintracht herrschte".

Welches Urteil gewinnen wir nun durch die vorstehenden Untersuchungen über die letzten drei Bücher Nithards? Es hat sich zunächst ergeben, dass diese drei Bücher die Hauptquelle für die Geschichte des Kampfes der Söhne Ludwigs des Frommen in den Jahren 841 und 842 sind; denn dieselben sind viel ausführlicher und eingehender in ihrer Darstellung als alle die andern Quellen, unter denen die bedeutendsten sind die Annalen des Bischofs Prudentius von Troyes, des Mönches Rudolf aus dem Kloster Fulda und endlich die von Xanten. Ferner hat sich

---

[101] Meyer p. 47 fg. — Paetz p. 34. — Funck p. 217. — Schwartz p. 52. — Dümmler p. 176.
[102] Funck p. 216. — Schwartz p. 86. — Scholle p. 53. — Dümmler p. 180. — Meyer p. 51. — Paetz p. 35.
[103] Vergleiche Dümmler p. 185.
[104] Siehe Schwartz p. 91 u. 1.
[105] Meyer p. 52. — Paetz p. 35 u. 39. — Funck p. 220. — Schwartz p. 91. — Scholle p. 54.

gezeigt, dass wo auch immer ein Vergleich angestellt werden kann zwischen den Angaben Nithards und den Berichten anderer Quellen, jene sich als durchaus zuverlässig ergeben: und liegt ja einmal ein Widerspruch vor, so erweist sich derselbe bei näherer Untersuchung als ein nur scheinbarer, veranlasst dadurch, dass Nithard der besser Unterrichtete ist. Als drittes Ergebniss endlich schliesst sich an, dass der Darstellung, welche Nithard von dem Bruderkriege gegeben hat, durchaus keine parteiische Färbung irgend welcher Art nachgewiesen werden kann, dass vielmehr Nithard auch seine Partei, wenn sie es verdient, mit Tadel nicht verschont.

So steht denn das Werk Nithards einzig in seiner Art da unter den uns überlieferten Geschichtsquellen aus karolingischer Zeit. In einfach schlichter Weise gewährt es uns einen Einblick in den inneren Zusammenhang der Ereignisse einer Zeit, welche für unser deutsches Vaterland von hoher Bedeutung ist; es wäre ein grosser Schade für uns, wenn wir dieses Werkes entbehren müssten.